Kurt Stiasny

Was Grimmsche Märchen erzählen

Band I

Kurt
Stiasny

Was Grimmsche Märchen erzählen

Band I

Novalis Verlag

«Der Abdruck der Märchentexte folgt in Orthographie und Interpunktion der im Literaturverzeichnis notierten Ausgaben.» o.ä.

Novalis Verlag
CH-8201 Schaffhausen
ISBN 3-7214-0202-2

Dieses Buch wäre nicht ohne die Hilfe meiner Frau entstanden; wir widmen es unseren Eltern und Kindern.

Scherenschnitte
von Gudrun Stiasny

Inhalt

Vorwort

Die Weisheit der Märchen: Immer geht die Reise zum Grund, und immer ist es dunkel zunächst am Grund. Der Held tastet mit den Händen. Dann sieht er ein kleines Lichtlein. Er geht, und am Ziel ist das Lichtlein groß wie der helle Tag, und im hellen Licht liegt das Drachenschloß mit der verwunschnen Prinzessin…[1]

Man staunt und freut sich zugleich über solche Töne in einem modernen Gedicht. Jahrelang hat man versucht, die Märchen aus den Kinderzimmern zu verbannen, weil sie seelischer Entwicklung hinderlich, sogar gefährlich schienen. Man tilgte, weil sich kein geeigneter Ersatz fand, Grausames und Unsoziales durch Umdichtung; man begann parodierend mit Motiven zu spielen. Doch zunehmend finden sich Aufsätze und Bücher, die sich ernst und bejahend mit der Besonderheit, Bedeutung und Wirkung dieser alten Texte befassen[2]. Man erkennt, daß Kinder, Jugendliche und Erwachsene sich ihnen wieder oder immer noch gerne zuwenden. Woran liegt das? Es ist das Gespür, daß unsere mechanisierte und arbeitsteilige Welt zwar ungeheuren Fortschritt und Wohlstand ermöglicht, am Ende aber nur noch ein halber Mensch, ein oft ort- und zielloser Mensch dem gegenübersteht. Er braucht Bindung, Ruhe, Sinn, Tiefe und findet Trennung, Hast, Ratlosigkeit und Oberfläche. Dies gilt zu allererst und vor allem für Kinder, die man allerdings eine Zeitlang zu ängstlich vor der zum Teil recht harten Bilderwelt der Märchen zu bewahren wünschte. Dabei übersah man, daß Entwicklung die Konfrontation mit Gut und Böse fordert, daß sich Kinder mit Konflikten, die da sind, ob sie nun Märchen hören oder nicht, auseinandersetzen müssen. Ch. Meves hat überzeugend der Befürchtung widersprochen, Märchen könnten die seelische Gesundheit von Kindern gefährden: «In den Märchen wird mit Hilfe einer Bildersprache vom inneren Schicksal des Menschen gesprochen, und zugleich werden Lösungsmöglichkeiten aufgezeigt, wenn der Mensch in Konflikte, Sackgassen und Fallen gerät… Zu dieser Bildersprache haben Kleinkinder noch einen unmittelbaren Zugang. Sie brauchen keine Übersetzung, denn sie leben in dieser Welt. Die Märchensprache ist daher für sie keine Fremdsprache. Sie ist die Muttersprache ihrer Seele[3].» Es genügt also auf dieser Stufe die einfache Wiedergabe. Für den Erzähler aber bedeutet es sicher eine geistige und moralische Hilfe, zu ahnen oder gar zu wissen, welche Verheißung er mitgibt, wenn er von der bösen Hexe, vom gierigen Wolf, von der Gold- und Pechmarie u.a. erzählt. Uns ist solche Sprache zur Fremdsprache geworden; wir müssen demzufolge den Weg der Erkenntnis einschlagen, um so eine Verbindung zu dieser Welt neu aufzubauen, die verborgenen positiven Kräfte zu befreien und zu aktivieren.

Doch nicht allein um Bereicherung der Kleinkindererziehung geht es; wir wissen, daß Märchen nicht ausschließlich, manchmal gar nicht für Kinder erzählt wurden. Auch Jugendliche wünschen diese Welt, auf höherer Ebene, zu begreifen. Nicht nur, daß sie in die verschiedenen Märchenkulturen eindringen, vergleichen, Bilder und Ereignisse deuten. Sie entzünden sich besonders an den existentiellen Fragen, wie sie etwa «Hans im Glück», «Der Froschkönig» oder «Die Gänsemagd» aufwerfen. Das Märchen wird zu einer entscheidenden Hilfe im Reifungsprozeß (beim Blick nach innen), im Erfassen der Welt (beim Blick nach außen), im Begreifen kosmischer Zusammenhänge (beim Blick nach oben). Hier treffen sich die Jungen mit den Erwachsenen, die sich nicht allein ihrer Kinder wegen neu vertiefen, sondern weil sie den Rhythmus spüren von Niedergang und Aufgang, Verlust und Gewinn, weil sie wieder Ort und Sinn des einzelnen im Weltganzen sehen, lebensbejahende Kräfte eben nicht mehr ausschließlich mit dem Verstand, sondern auch und vorwiegend über Herz und Seele ergreifen können. Wir alle spüren, daß sich um uns und in uns ein geistiger Wandel vollzieht, wo nicht mehr materialistische Grundhaltungen auf bloß intellektueller Basis bestimmen, sondern der Mensch wieder gesehen wird im Einklang mit Natur und Kosmos. Mit der Erkenntnis der Unzulänglichkeit menschlichen Tuns beginnt wieder das Suchen der Seele nach der Tiefe, nach Einheit und Geborgenheit. Solche Zeit des Übergangs schildern die Gebrüder Grimm, zweifellos zu begeistert, aber im Kern doch passend, in ihrer Vorrede aus dem Jahre 1819:

«Wir finden es wohl, wenn von Sturm oder anderem Unglück, das der Himmel schickt, eine ganze Saat zu Boden geschlagen wird, daß noch bei niedrigen Hecken oder Sträuchern, die am Wege stehen, ein kleiner Platz sich gesichert hat und einzelne Ähren aufrecht geblieben sind. Scheint dann die Sonne wieder günstig, so wachsen sie einsam und unbeachtet fort: keine frühe Sichel schneidet sie für die großen Vorratskammern, aber im Spätsommer, wenn sie reif und voll geworden, kommen arme Hände, die sie suchen, und Ähre an Ähre gelegt, sorgfältig gebunden und höher geachtet als sonst ganze Garben, werden sie heimgetragen, und winterlang sind sie Nahrung, vielleicht auch der einzige Samen für die Zukunft.»

Wir sehen, Märchen gelten nicht für ein bestimmtes Alter, auch nicht für ein bestimmtes Zeitalter, sie gelten immer, weil sie immergültige Wahrheiten, z.T. verschlüsselt, über Jahrhunderte, Jahrtausende getragen haben und tragen werden. Man sollte deshalb die Beschäftigung mit ihnen nicht zu unbekümmert beginnen; denn der Märchenerzähler verwendet wie jeder Dichter zur Darstellung seiner Erlebnisse und Erfahrungen Bilder, Symbole. Er erzählt oft von Dingen, die rational nicht mehr faßbar sind. Je tiefer er reicht, desto schwieriger wird ihm die Mitteilung. Versucht er, Urphänomene wie das Gute und Böse, Leben und Tod, Glück und Unglück, Sein und Schein zu fassen, versucht er also, hinter die Erscheinungswelt zu stoßen, die Wahrheit zu begreifen, wird ihm herkömmliche Sprache zu eng. Ihm bleibt dann nur, seine Welt im Abglanz[4], im Beispiel zu zeigen. Auf diese Weise wird «das Symbol oft zentraler Kristallisationspunkt der dichterischen Konzeption»[5], selten aber eindeutig faßbar.

Wichtig ist auch zu begreifen – darauf hat Lüthi[6] immer wieder hingewiesen –, daß das Märchen keine Urform menschlichen Erzählens, sondern Endform dichterischer Gestaltung ist, wo das Einfache mit dem Kunstvollen eins wird.

Angesichts dieser beiden Überlegungen ist bei der Betrachtung und in der Auseinandersetzung mit Märchen Bescheidenheit geboten, ist es sinnvoll, sich nicht auf *eine* Betrachtungsweise festzulegen, tut man gut, immer wieder zu beginnen, zu erweitern, in Frage zu stellen. Man kommt, das wird bald jeder erfahren, an kein Ende.

Viele Gespräche haben dieses Büchlein bereichert; es möchte einige Gedanken, und seien sie im Verhältnis zur verborgenen Weisheit noch so gering, zur Anregung weiterreichen. Ich danke allen, die mir dabei geholfen haben.

Kronberg/Ts., Frühjahr 1981 *Kurt Stiasny*

Der goldene Schlüssel

Zur Winterszeit, als einmal ein tiefer Schnee lag, mußte ein armer Junge hinausgehen und Holz auf einem Schlitten holen. Wie er es nun zusammengesucht und aufgeladen hatte, wollte er, weil er so erfroren war, noch nicht nach Hause gehen, sondern erst Feuer anmachen und sich ein bißchen wärmen. Da scharrte er den Schnee weg, und wie er so den Erdboden aufräumte, fand er einen kleinen goldenen Schlüssel. Nun glaubte er, wo der Schlüssel wäre, müßte auch das Schloß dazu sein, grub in der Erde und fand ein eisernes Kästchen. «Wenn der Schlüssel nur paßt!» dachte er, «es sind gewiß kostbare Sachen in dem Kästchen.» Er suchte, aber es war kein Schlüsselloch da, endlich entdeckte er eins, aber so klein, daß man es kaum sehen konnte. Er probierte, und der Schlüssel paßte glücklich. Da drehte er einmal herum, und nun müssen wir warten, bis er vollends aufgeschlossen und den Deckel aufgemacht hat: dann werden wir erfahren, was für wunderbare Sachen in dem Kästchen lagen.

Der goldene Schlüssel

Was in der Textsammlung bemerkenswerterweise am Ende steht, sei absichtlich zuerst gedeutet als Einstimmung und zur Darlegung von Grundsätzlichem.

Wie in Grimms Vorwort ist auch hier gleich zu Beginn vom Winter die Rede. Wir erinnern uns gleichzeitig an den Anfang von «Sneewittchen» und «Von dem Machandelboom» sowie an den Mittelteil von «Drei Männlein im Walde». Augenscheinlich begegnen wir einem bedeutsamen Symbol: Der Winter mit seinem tiefen Schnee ist einerseits Zeichen für Kälte, Erstarrung, Verlassenheit; andererseits aber für Bewahrung und stilles Reifen. Denn die Natur hat nichts getötet, sondern nur überdeckt. Wer die Kraft hat, den Schnee wegzuscharren, findet einen goldenen Schlüssel, d. h. die Fähigkeit zu entschlüsseln und zu erkennen. Das ist die Welt, in die uns dieses Märchen führt.

Es gibt zu diesem Text eine grundsätzlich andere Betrachtungsweise[1]: Dieses Märchen, so wird gesagt, führe in mehreren Stufen (Holz, Feuer, Schlüssel, Kästchen) in höchste Erwartung, zum Höhepunkt; der sei aber zugleich Wendepunkt, bei dem wir aus dem Märchengeschehen herausgerissen und wieder in unsere Gegenwart versetzt würden. Zunächst also Lösung vom Alltag, Hinwendung zum Wunderbaren; das alles aber nur Zauberei mit plötzlicher Entzauberung; Vorspiegelung einer Zukunft, die nie eintreten werde.

Allein die Untersuchung der Wortwahl zeigt ein anderes Bild mit genau gegensätzlicher Abfolge:

Im ersten Teil begegnen uns erdrückende Wörter wie «Winter, tiefer Schnee, zusammensuchen, arm, erfroren, scharren». Da gibt es Bedenken («Wenn der Schlüssel nur paßt!») und Befürchtungen («...aber so klein, daß man es kaum sehen konnte.»). Am Wendepunkt erscheint aber plötzlich das schon im Titel angekündigte Wort «golden», entfalten die Ausdrücke «wunderbar, kostbar, finden, passen, glücklich, vollends aufschließen» eine Welt des Schenkens und Lösens. Der Leser weiß, daß da etwas ist, auch wenn er es noch nicht benennen kann. Geschickt wechselt der Erzähler von der Vergangenheit zur Gegenwart, und zwar zur Gegenwart als allgemeiner Zeit (Wir müssen warten). Genau dies ist aber die Märchenzeit, die sich, im Gegensatz zur Sage, nicht auf ein historisches Ereignis bezieht, auch nicht auf ein gerade jetzt ablaufendes Geschehen, die sich vielmehr ungeschichtlich zeigt, ihre Geschichten also überall und nirgends ansiedelt[2]. Von daher verstehen wir auch den offenen Schluß mit dem Futur («dann werden wir erfahren ...»), das geradezu versichert, falls noch jemand zweifelt.

Die philologische Kleinarbeit beweist den bejahenden Grundzug auch dieses kleinen Gebildes: Das Märchen beschenkt nicht einfach, es läßt suchen und probieren, setzt allerdings Glauben voraus an die Zusammengehörigkeit der Dinge («Nun glaubte er, wo der Schlüssel wäre, müßte auch das Schloß dazu sein»), läßt finden, aber nicht in Hülle und Fülle («Endlich entdeckte er eins; aber so klein ...»), es verlangt Ausdauer. Es kennt aber auch, das sollte man nicht übersehen, Humor; denn schmunzelnd weckt es am Ende Neugier, verzögert, versichert erneut und bringt die Bewegung endgültig zum Abschluß, indem es zur Vergangenheitsform zurückkehrt.

Hänsel und Gretel

Vor einem großen Walde wohnte ein armer Holzhacker mit seiner Frau und seinen zwei Kindern; das Bübchen hieß Hänsel und das Mädchen Gretel. Er hatte wenig zu beißen und zu brechen, und einmal, als große Teuerung ins Land kam, konnte er auch das täglich Brot nicht mehr schaffen. Wie er sich nun abends im Bette Gedanken machte und sich vor Sorgen herumwälzte, seufzte er und sprach zu seiner Frau: «Was soll aus uns werden? Wie können wir unsere armen Kinder ernähren, da wir für uns selbst nichts mehr haben?» – «Weißt du was, Mann», antwortete die Frau, «wir wollen morgen in aller Frühe die Kinder hinaus in den Wald führen, wo er am dicksten ist: da machen wir ihnen ein Feuer an und geben jedem noch ein Stückchen Brot; dann gehen wir an unsere Arbeit und lassen sie allein. Sie finden den Weg nicht wieder nach Haus, und wir sind sie los.» – «Nein, Frau», sagte der Mann, «das tue ich nicht; wie sollt' ich's übers Herz bringen, meine Kinder im Walde allein zu lassen; die wilden Tiere würden bald kommen und sie zerreißen.» – «O du Narr», sagte sie, «dann müssen wir alle viere Hungers sterben, du kannst nur die Bretter für die Särge hobeln», und ließ ihm keine Ruhe, bis er einwilligte. «Aber die armen Kinder dauern mich doch», sagte der Mann.
Die zwei Kinder hatten vor Hunger auch nicht einschlafen können und hatten gehört, was die Stiefmutter zum Vater gesagt hatte. Gretel weinte bittere Tränen und sprach zu Hänsel: «Nun ist's um uns geschehen.» – «Still, Gretel», sprach Hänsel, «gräme dich nicht, ich will uns schon helfen.» Und als die Alten eingeschlafen waren, stand er auf, zog sein Röcklein an, machte die Untertüre auf und schlich sich hinaus. Da schien der Mond ganz helle, und die weißen Kieselsteine, die vor dem Haus lagen, glänzten wie lauter Batzen. Hänsel bückte sich und steckte so viel in sein Rocktäschlein, als nur hinein wollten. Dann ging er wieder zurück, sprach zu Gretel: «Sei getrost, liebes Schwesterchen, und schlaf nur ruhig ein, Gott wird uns nicht verlassen», und legte sich wieder in sein Bett.
Als der Tag anbrach, noch ehe die Sonne aufgegangen war, kam schon die Frau und weckte die beiden Kinder: «Steht auf, ihr Faulenzer, wir wollen in den Wald gehen und Holz holen.» Dann gab sie jedem ein Stückchen Brot und sprach: «Da habt ihr etwas für den Mittag, aber eßt's nicht vorher auf, weiter kriegt ihr nichts.» Gretel nahm das Brot unter die Schürze, weil Hänsel die Steine in der Tasche hatte. Danach machten sie sich alle zusammen auf den Weg nach dem Wald. Als sie ein Weilchen gegangen waren, stand Hänsel still und guckte nach dem Haus zurück und tat das wieder und immer wieder. Der Vater sprach: «Hänsel, was guckst du da und bleibst zurück, hab acht und vergiß deine Beine nicht.» – «Ach, Vater»,

sagte Hänsel, «ich sehe nach meinem weißen Kätzchen, das sitzt oben auf dem Dach und will mir ade sagen.» Die Frau sprach: «Narr, das ist dein Kätzchen nicht, das ist die Morgensonne, die auf den Schornstein scheint.» Hänsel aber hatte nicht nach dem Kätzchen gesehen, sondern immer einen von den blanken Kieselsteinen aus seiner Tasche auf den Weg geworfen.

Als sie mitten in den Wald gekommen waren, sprach der Vater: «Nun sammelt Holz, ihr Kinder, ich will ein Feuer anmachen, damit ihr nicht friert.» Hänsel und Gretel trugen Reisig zusammen, einen kleinen Berg hoch. Das Reisig ward angezündet, und als die Flamme recht hoch brannte, sagte die Frau: «Nun legt euch ans Feuer, ihr Kinder, und ruht euch aus, wir gehen in den Wald und hauen Holz. Wenn wir fertig sind, kommen wir wieder und holen euch ab.»

Hänsel und Gretel saßen am Feuer, und als der Mittag kam, aß jedes sein Stücklein Brot. Und weil sie die Schläge der Holzaxt hörten, so glaubten sie, ihr Vater wäre in der Nähe. Es war aber nicht die Holzaxt, es war ein Ast, den er an einen dürren Baum gebunden hatte, und den der Wind hin und her schlug. Und als sie so lange gesessen hatten, fielen ihnen die Augen vor Müdigkeit zu, und sie schliefen fest ein. Als sie endlich erwachten, war es schon finstere Nacht. Gretel fing an zu weinen und sprach: «Wie sollen wir nun aus dem Wald kommen!» Hänsel aber tröstete sie: «Wart nur ein Weilchen, bis der Mond aufgegangen ist, dann wollen wir den Weg schon finden.» Und als der volle Mond aufgestiegen war, so nahm Hänsel sein Schwesterchen an der Hand und ging den Kieselsteinen nach, die schimmerten wie neu geschlagene Batzen und zeigten ihnen den Weg. Sie gingen die ganze Nacht hindurch und kamen bei anbrechendem Tag wieder zu ihres Vaters Haus. Sie klopften an die Tür, und als die Frau aufmachte und sah, daß es Hänsel und Gretel waren, sprach sie: «Ihr bösen Kinder, was habt ihr so lange im Walde geschlafen, wir haben geglaubt, ihr wolltet gar nicht wiederkommen.» Der Vater aber freute sich; denn es war ihm zu Herzen gegangen, daß er sie so allein zurückgelassen hatte.

Nicht lange danach war wieder Not in allen Ecken, und die Kinder hörten, wie die Mutter nachts im Bette zu dem Vater sprach: «Alles ist wieder aufgezehrt, wir haben noch einen halben Laib Brot, hernach hat das Lied ein Ende. Die Kinder müssen fort, wir wollen sie tiefer in den Wald hineinführen, damit sie den Weg nicht wieder heraus finden; es ist sonst keine Rettung für uns.» Dem Mann fiel's schwer aufs Herz, und er dachte: «Es wäre besser, daß du den letzten Bissen mit deinen Kindern teiltest.» Aber die Frau hörte auf nichts, was er sagte, schalt ihn und machte ihm Vorwürfe. Wer A sagt, muß auch B sagen, und weil er das erste Mal nachgegeben hatte, so mußte er es auch zum zweitenmal.

Die Kinder waren aber noch wach gewesen und hatten das Gespräch mitangehört. Als die Alten schliefen, stand Hänsel wieder auf, wollte hinaus und Kieselsteine auflesen wie das vorige Mal, aber die Frau hatte die Tür verschlossen, und Hänsel konnte nicht heraus. Aber er tröstete sein Schwesterchen und sprach: «Weine nicht, Gretel, und schlaf nur ruhig, der liebe Gott wird uns schon helfen.»

Am frühen Morgen kam die Frau und holte die Kinder aus dem Bette. Sie erhielten ihr Stückchen Brot, das war aber noch kleiner als das vorige Mal. Auf dem Wege nach dem Wald bröckelte es Hänsel in der Tasche, stand oft still und warf ein Bröcklein auf die Erde. «Hänsel, was stehst du und guckst dich um», sagte der Vater, «geh deiner Wege.» – «Ich sehe nach meinem Täubchen, das sitzt auf dem Dache und will mir ade sagen», antwortete Hänsel. «Narr», sagte die Frau, «das ist dein Täubchen nicht, das ist die Morgensonne, die auf den Schornstein oben scheint.» Hänsel aber warf nach und nach alle Bröcklein auf den Weg.

Die Frau führte die Kinder noch tiefer in den Wald, wo sie ihr Lebtag noch nicht gewesen waren. Da ward wieder ein großes Feuer angemacht, und die Mutter sagte: «Bleibt nur da sitzen, ihr Kinder, und wenn ihr müde seid, könnt ihr ein wenig schlafen: Wir gehen in den Wald und hauen Holz, und abends, wenn wir fertig sind, kommen wir und holen euch ab.» Als es Mittag war, teilte Gretel ihr Brot mit Hänsel, der sein Stück auf den Weg gestreut hatte. Dann schliefen sie ein, und der Abend verging, aber niemand kam zu den armen Kindern. Sie erwachten erst in der finstern Nacht, und Hänsel tröstete sein Schwesterchen und sagte: «Wart nur, Gretel, bis der Mond aufgeht, dann werden wir die Brotbröcklein sehen, die ich ausgestreut habe, die zeigen uns den Weg nach Haus.» Als der Mond kam, machten sie sich auf, aber sie fanden kein Bröcklein mehr; denn die vieltausend Vögel, die im Walde und im Felde umherfliegen, die hatten sie weggepickt. Hänsel sagte zu Gretel: «Wir werden den Weg schon finden», aber sie fanden ihn nicht. Sie gingen die ganze Nacht und noch einen Tag von Morgen bis Abend, aber sie kamen aus dem Wald nicht heraus und waren so hungrig; denn sie hatten nichts als die paar Beeren, die auf der Erde standen. Und weil sie so müde waren, daß die Beine sie nicht mehr tragen wollten, so legten sie sich unter einen Baum und schliefen ein.

Nun war's schon der dritte Morgen, daß sie ihres Vaters Haus verlassen hatten. Sie fingen wieder an zu gehen, aber sie gerieten immer tiefer in den Wald, und wenn nicht bald Hilfe kam, so mußten sie verschmachten. Als es Mittag war, sahen sie ein schönes schneeweißes Vöglein auf einem Ast sitzen, das sang so schön, daß sie stehenblieben und ihm zuhörten. Und als es fertig war, schwang es seine Flügel und flog vor ihnen her, und sie gingen ihm nach, bis sie zu einem Häuschen gelangten, auf dessen Dach es sich setzte, und als sie ganz nah herankamen, so sahen sie, daß das Häuslein aus Brot gebaut war und mit Kuchen gedeckt; aber die Fenster waren von hellem Zucker. «Da wollen wir uns dran machen», sprach Hänsel, «und eine gesegnete Mahlzeit halten. Ich will ein Stück vom Dach essen, Gretel, du kannst vom Fenster essen, das schmeckt süß.» Hänsel reichte in die Höhe und brach sich ein wenig vom Dach ab, um zu versuchen, wie es schmeckte, und Gretel stellte sich an die Scheiben und knuperte daran. Da rief eine feine Stimme aus der Stube heraus:

«Knuper knuper Kneischen,
wer knupert an meinem Häuschen?»
Die Kinder antworteten: «Der Wind, der Wind,
das himmlische Kind»,

und aßen weiter, ohne sich irre machen zu lassen. Hänsel, dem das Dach sehr gut schmeckte, riß sich ein großes Stück davon herunter, und Gretel stieß eine ganze runde Fensterscheibe heraus, setzte sich nieder und tat sich wohl damit. Da ging auf einmal die Türe auf, und eine steinalte Frau, die sich auf eine Krücke stützte, kam herausgeschlichen.
Hänsel und Gretel erschraken so gewaltig, daß sie fallen ließen, was sie in den Händen hielten. Die Alte aber wackelte mit dem Kopfe und sprach: «Ei, ihr lieben Kinder, wer hat euch hierher gebracht? Kommt nur herein und bleibt bei mir, es geschieht euch kein Leid.» Sie faßte beide an der Hand und führte sie in ihr Häuschen. Da ward gutes Essen aufgetragen, Milch und Pfannkuchen mit Zucker, Äpfeln und Nüssen. Hernach wurden zwei schöne Bettlein weiß gedeckt, und Hänsel und Gretel legten sich hinein und meinten, sie wären im Himmel.
Die Alte hatte sich nur so freundlich angestellt, sie war aber eine böse Hexe, die den Kindern auflauerte, und hatte das Brothäuslein bloß gebaut, um sie herbeizulocken. Wenn eins in ihre Gewalt kam, so machte sie es tot, kochte es und aß es, und das war ihr ein Festtag. Die Hexen haben rote Augen und können nicht weit sehen, aber sie haben eine feine Witterung wie die Tiere und merken's, wenn Menschen herankommen. Als Hänsel und Gretel in ihre Nähe kamen, da lachte sie boshaft und sprach höhnisch: «Die habe ich, die sollen mir nicht wieder entwischen.» Früh morgens, ehe die Kinder erwacht waren, stand sie schon auf, und als sie beide so lieblich ruhen sah, mit den vollen roten Backen, so murmelte sie vor sich hin: «Das wird ein guter Bissen werden.» Da packte sie Hänsel mit ihrer dürren Hand und trug ihn in einen kleinen Stall und sperrte ihn mit einer Gittertüre ein: Er mochte schreien, wie er wollte, es half ihm nichts. Dann ging sie zur Gretel, rüttelte sie wach und rief: «Steh auf, Faulenzerin, trag Wasser und koch deinem Bruder etwas Gutes, der sitzt draußen im Stall und soll fett werden. Wenn er fett ist, so will ich ihn essen.» Gretel fing an bitterlich zu weinen, aber es war alles vergeblich, sie mußte tun, was die böse Hexe verlangte.
Nun ward dem armen Hänsel das beste Essen gekocht, aber Gretel bekam nichts als Krebsschalen. Jeden Morgen schlich die Alte zu dem Ställchen und rief: «Hänsel, streck deine Finger heraus, damit ich fühle, ob du bald fett bist.» Hänsel streckte ihr aber ein Knöchlein

heraus, und die Alte, die trübe Augen hatte, konnte es nicht sehen und meinte, es seien Hänsels Finger, und verwunderte sich, daß er gar nicht fett werden wollte. Als vier Wochen herum waren und Hänsel immer mager blieb, da überkam sie die Ungeduld, und sie wollte nicht länger warten. «Heda, Gretel», rief sie dem Mädchen zu, «sei flink und trag Wasser: Hänsel mag fett oder mager sein, morgen will ich ihn schlachten und kochen.» Ach, wie jammerte das arme Schwesterchen, als es das Wasser tragen mußte, und wie flossen ihm die Tränen über die Backen herunter! «Lieber Gott, hilf uns doch», rief sie aus, «hätten uns nur die wilden Tiere im Wald gefressen, so wären wir doch zusammen gestorben.» – «Spar nur dein Geplärre», sagte die Alte, «es hilft dir alles nichts.»

Früh morgens mußte Gretel heraus, den Kessel mit Wasser aufhängen und Feuer anzünden. «Erst wollen wir backen», sagte die Alte, «ich habe den Backofen schon eingeheizt und den Teig geknetet.» Sie stieß das arme Gretel hinaus zu dem Backofen, aus dem die Feuerflammen schon herausschlugen. «Kriech hinein», sagte die Hexe, «und sieh zu, ob recht eingeheizt ist, damit wir das Brot hineinschieben können.» Und wenn Gretel darin war, wollte sie den Ofen zumachen, und Gretel sollte darin braten, und dann wollte sie's auch aufessen. Aber Gretel merkte, was sie im Sinn hatte, und sprach: «Ich weiß nicht, wie ich's machen soll; wie komm' ich da hinein?» – «Dumme Gans», sagte die Alte, «die Öffnung ist groß genug, siehst du wohl, ich könnte selbst hinein», krabbelte heran und steckte den Kopf in den Backofen. Da gab ihr Gretel einen Stoß, daß sie weit hineinfuhr, machte die eiserne Tür zu und schob den Riegel vor. Hu! Da fing sie an zu heulen, ganz grauselich; aber Gretel lief fort, und die gottlose Hexe mußte elendiglich verbrennen.

Gretel aber lief schnurstracks zu Hänsel, öffnete sein Ställchen und rief: «Hänsel, wir sind erlöst, die alte Hexe ist tot.» Da sprang Hänsel heraus wie ein Vogel aus dem Käfig, wenn ihm die Türe aufgemacht wird. Wie haben sie sich gefreut, sind sich um den Hals gefallen, sind herumgesprungen und haben sich geküßt! Und weil sie sich nicht mehr zu fürchten brauchten, so gingen sie in das Haus der Hexe hinein, da standen in allen Ecken Kasten mit Perlen und Edelsteinen. «Die sind noch besser als Kieselsteine», sagte Hänsel und steckte in seine Taschen, was hinein wollte, und Gretel sagte: «Ich will auch etwas mit nach Haus bringen», und füllte sich sein Schürzchen voll. – «Aber jetzt wollen wir fort», sagte Hänsel, «damit wir aus dem Hexenwald herauskommen.» Als sie aber ein paar Stunden gegangen waren, gelangten sie an ein großes Wasser. «Wir können nicht hinüber», sprach Hänsel, «ich sehe keinen Steg und keine Brücke.» – «Hier fährt auch kein Schiffchen», antwortete Gretel, «aber da schwimmt eine weiße Ente, wenn ich die bitte, so hilft sie uns hinüber.» Da rief sie:

«Entchen, Entchen,
da steht Gretel und Hänsel.

Kein Steg und keine Brücke,
nimm uns auf deinen weißen Rücken.»

Das Entchen kam auch heran, und Hänsel setzte sich auf und bat sein Schwesterchen, sich zu ihm zu setzen. «Nein», antwortete Gretel, «es wird dem Entchen zu schwer, es soll uns nacheinander hinüberbringen.» Das tat das gute Tierchen, und als sie glücklich drüben waren und ein Weilchen fortgingen, da kam ihnen der Wald immer bekannter und immer bekannter vor, und endlich erblickten sie von weitem ihres Vaters Haus. Da fingen sie an zu laufen, stürzten in die Stube hinein und fielen ihrem Vater um den Hals. Der Mann hatte keine frohe Stunde gehabt, seitdem er die Kinder im Walde gelassen hatte, die Frau aber war gestorben. Gretel schüttete sein Schürzchen aus, daß die Perlen und Edelsteine in der Stube herumsprangen, und Hänsel warf eine Handvoll nach der andern aus seiner Tasche dazu. Da hatten alle Sorgen ein Ende, und sie lebten in lauter Freude zusammen. Mein Märchen ist aus, dort läuft eine Maus, wer sie fängt, darf sich eine große, große Pelzkappe daraus machen.

Hänsel und Gretel

Es ist schwer zu fassen, worum es in diesem Märchen geht, obgleich ein eindrucksvolles Bild die Mitte des Geschehens bestimmt, weshalb man es auch zu den beliebtesten Märchen zählen kann. Dies wiederum bedingt, daß wir es bei unserer Betrachtung nicht ausklammern dürfen.

Beginnen wir tastend: Wir haben es mit zwei Kindern zu tun[1], die aus der Geborgenheit in die Fremde gestoßen werden und erste Erfahrungen mit einer verlockenden, heimtückischen Macht sammeln müssen. Und schon ergeben sich Fragen über Fragen: Warum schicken die Eltern ihre Kinder in den Wald (in der Urfassung wird sogar von einer Mutter statt einer Stiefmutter gesprochen)? Soll daran nur eine große Teuerung schuld sein? Was meint der Erzähler mit

Hexenhaus und Hexe? Wie ist das schöne schneeweiße Vöglein zu verstehen? Kann es überhaupt als Hilfe gedeutet werden, da es die Kinder direkt zum Ort des Unheils führt? Die Antwort der Kinder auf das «knuper knuper Kneischen»: «Der Wind, der Wind, das himmlische Kind» kann zwar einen Hinweis geben, daß es sich auch hier um ein esoterisches Geschehen handelt: Man ist versucht, den Wind mit dem Heiligen Geist gleichzusetzen. Aber wie paßt dieser zur Hexe? Außerdem müßte solche Aussage erst von anderer Seite gestützt werden, da es sich um eine Grimmsche Ergänzung handelt. Im Urtext steht nur die Frage der Hexe; ihr folgt abgründiges Erschrecken der Kinder, offenbar als spontane Erkenntnis großer Gefahr:

«Knuper, knuper, Kneischen,
wer knupert an meinem Häuschen!

Hänsel und Gretel erschraken so gewaltig, daß sie fallenließen, was sie in der Hand hielten . . . »

Zum Schluß bleibt noch zu fragen, mit welchem Recht die Brüder Grimm das Nachspiel mit der weißen Ente anhängen; es wird wiederholt deutlich, daß die Bearbeiter zwar öfter ausschmücken, nach eigener Aussage aber nicht zur Anregung der Phantasie oder aus poetischer Spielerei, sondern um Gemeintes verständlicher hervortreten zu lassen.

Sehen wir uns die Stelle näher an, wo das Hexenhaus beschrieben wird: Es ist aus Brot gebaut, mit Kuchen gedeckt, die Fenster sind aus hellem Zucker. Den Kindern schmeckt das alles süß. Drinnen wird später gutes Essen aufgetragen, Milch und Pfannkuchen mit Zucker, Äpfeln und Nüssen. Hernach werden zwei schöne Betten weiß gedeckt, und Hänsel und Gretel meinen, als sie sich hineinlegen, sie seien im Himmel.

All dieser Überfluß, der den Kindern unbekannt ist, muß verlocken und überwältigen, zum Genießen und Nichtstun einladen. Doch es sind nur Dinge von scheinbarem Wert, denn die Beherrscherin dieser Welt ist eine steinalte Frau, die – in doppelsinniger Bedeutung zu verstehen – auf Krücken geht und nicht weit sieht, dafür aber eine feine Witterung wie die Tiere hat. Mit dem Hexenhaus wird den Kindern also eine Welt vorgegaukelt, die keinen Bestand hat, die mitten im Wald, d. h. im Dunkeln, liegt und keine andere Entwicklung zuläßt, als fett und träge zu werden. Die Kinder erliegen, obwohl sie die erste Begegnung spontan abstößt, diesem Schein, folgen nicht ihrer zunächst richtigen Empfindung, sondern lassen es sich gut gehen, schlafen ein. Doch es gibt ein böses Erwachen: Hänsel erscheint als der Gefangene, Eingesperrte; Gretel als die Geknechtete. Aber sie geben sich nicht verloren und versuchen, auf ganz verschiedene Art, sich zu befreien, Hänsel mit List und Verstand, Gretel durch die Hinwendung zu Gott. Und wenn schließlich die Hexe überwunden werden kann, so nur durch diese doppelte Kraft, wobei allerdings erkannt werden muß, daß mit dem Verstand allein die Befreiung und Überwindung nicht hätte gelingen können (die Hexe hatte bereits beschlossen, Hänsel zu töten, sei er fett oder mager) und daß den letzten Ausschlag Gretels mutige und intuitive Haltung gegeben hat (im Urtext wird noch deutlicher von göttlicher Eingebung gesprochen: «Gott gab es aber Gretel ein»). So erscheint, bei offenbarer Einheit des Paares, Hänsel doch als der gefährdetere Teil, Gretel als die errettende Gestalt.

Halten wir kurz inne: Hänsel und Gretel – die Namen erinnern uns an Heinrich[2] und Gretchen in Goethes großem Drama. Der Vergleich scheint, angesichts der einfachen Form hier und der höchst kunstvollen, vielschichtigen und konfliktreichen Aussage dort, im ersten Moment vermessen; trotzdem drängen sich, außer der angeführten Namensgebung, weitere Parallelen auf: Auch Faust (vgl. «Prolog im Himmel») wird dem Bösen, Mephistopheles, zur Prüfung überlassen; er läßt sich verführen zum Genuß und zur Begierde; er erlebt in der Hexenküche und beim Treffen der Hexen und Teufel in der Walpurgisnacht die Verwirrung der Sinne und die Zerstörung aller Ordnung; anschließend folgt ein Erwachen voller Ekel und Reue, kehren Erinnerung und Gewissen wieder, sieht er ein, da fast alles zu spät ist; auch er scheint zunächst verloren. Immer aber ist auch bei Faust mehr da als nur Genuß, wird ihm vor allem Gretchen zur Retterin. Es stammt aus ärmlichen Verhältnissen, ist fromm erzogen, läßt sich ebenfalls durch äußeren Glanz betören (die Szene mit dem Schmuckkästchen endet mit den Versen: «Nach Golde drängt, am Golde hängt doch alles»), gerät in tiefste Finsternis, befreit sich aber in der Kerkerszene, da es sich ganz göttlicher Führung übergibt.

Kann mit diesem kurzen Exkurs noch einmal deutlich gemacht werden, was im Mittelteil des Märchens auf ursprünglich bildhafte Weise mitgeteilt wird, so scheint der Vergleich bei der Frage, weshalb die Eltern ihre Kinder in den Wald schicken, nicht sofort zu helfen. Greifen wir wieder auf den Text selbst zurück: Er gibt als Ursache dieser «grausamen» Handlung eine große Teuerung im Lande an, die Not und Elend bringt. Sicher scheint: Diese Teuerung bedeutet eine große geistige Verarmung, Einschränkung des Lebens auf bloß vitale Bedürfnisse, wie sie eben im Hexenhaus, in der Mitte der Finsternis, ihren Gipfel findet. Die Eltern der beiden Kinder wohnen *vor* dem großen Wald, d. h. sie sind nicht gefangen von jener Welt, sie sind auch nicht gebunden an irdische Güter. Der Vater ist Holzhacker, das scheint nicht viel. Welchen Zweck verfolgt er mit seiner Arbeit? Er lichtet und säubert; er hilft bei der Pflege dieser Umwelt. Doch in solcher Zeit wird seine Tätigkeit gelähmt, wird seine Sorge um die geistige Entfaltung der Kinder immer größer, kann er ihnen schließlich keine Hilfe mehr geben.

Die Mutter erscheint im Urtext nicht als die stilisierte Stiefmutter; statt ihrer gefühllosen Gedanken («sie finden den Weg nicht wieder nach Haus, und wir sind sie los»), statt ihrer harten Äußerungen («steht auf, ihr Faulenzer»), statt der groben Beschimpfungen und

Vorwürfe gegenüber dem sich sorgenden Mann finden wir hier klare Überlegungen und Folgerungen, die sich auf Ernährung beziehen und damit jedesmal die geistige Hilfeleistung meinen, die nicht mehr gegeben werden kann. Dies ist für Vater und Mutter, im Urtext noch als Einheit gesehen, der Anstoß, die Kinder sich selbst zu überlassen, damit sie sich in dieser Welt eigenmächtig durchschlagen und bewähren.

Da dieser Gedanke jedoch nicht ganz befriedigt, stellt sich die Frage, ob nicht sogar die Absicht mitspielt, durch die Kinder Rettung aus dem Chaos zu schaffen. Denn Kinder sind dem Ursprung noch nah, stellen Einheit dar von Ich und Welt und damit Freiheit; sie leben in ständigem Bezug und in fortwährendem Vertrauen zur Transzendenz (Hänsel überläßt sich und seine Schwester vor jedem Gang ins Dunkel in vollkommener Ruhe und Zuversicht göttlicher Führung). Aus dieser geschlossenen Weltsicht heraus – die Psychologie bezeichnet sie als eine magische – gelingt unter Führung des weißen Vogels die Überwindung der Hexe und ihrer illusionären Welt, lassen sich Perlen und Edelsteine finden.

Übersehen wir aber auch nicht, daß die Eltern ihre Kinder gar nicht gnadenlos der Finsternis überlassen: Sie tun noch, was sie tun können; sie machen ihnen, wie im nächtlichen Gespräch geplant, inmitten des Waldes ein Feuer (schon der Urtext wiederholt das Wort in diesem Zusammenhang auf engstem Raum mehrmals, steigert somit nicht nur die Wirkung des Vorgangs, sondern ermuntert zu tieferer Ausdeutung). Das Feuer meint hier Licht und Wärme, wodurch allein noch eine Überlebenschance besteht:

«Als sie mitten in den Wald gekommen waren, sprach der Vater: ‹Nun sammelt Holz, ihr Kinder, ich will ein Feuer anmachen, damit ihr nicht friert›».

In diesem Zusammenhang werden bei näherem Zusehen noch weitere Vorgänge bedeutsam: Hänsel wartet mit dem Rückweg, bis der Mond aufgegangen ist, und er folgt den Kieselsteinen, die wie neu geschlagene Batzen schimmern. Zwar sind dies keine unmittelbaren Lichter mehr, doch strahlen sie noch immer und werden damit zur Orientierungshilfe, zu Merksteinen in der Nacht.

Freilich, je länger solche Dunkelheit dauert, desto schwieriger wird der Rückweg, bis endlich alle Erinnerungsstücke (als Brosamen in ihrer Beschaffenheit nicht widerstandsfähig und leuchtend wie die Kieselsteine) spurlos verschwunden sind. Und doch bleiben Hänsel und Gretel auch jetzt nicht schutzlos ausgeliefert. Da ist noch das Vöglein, das die Kinder zwar zum Hexenhaus lenkt, trotzdem nicht zur Hexe, zum Bösen, gehört. Dies beweist zum einen die Tatsache, daß der Erzähler unmittelbar davor von einer Hilfe spricht, die bald eintreten müßte, wenn die Kinder nicht verkommen sollen; zum andern dürfte man im Falle einer Gefährdung das Verb «locken» erwarten. So aber heißt es: « . . . schwang es seine Flügel und flog vor ihnen her». Das Vöglein treibt im Grunde die Entwicklung schneller voran, verkürzt die Leiden, ist eine Gnade. Zudem verweisen die Attribute «schönes schneeweißes» – in keinem Märchen wird gerade der zweite Ausdruck als Symbol der Verlockung, des Scheins verwandt – auf einen inneren Zustand der Kinder. Obwohl sie von der Verbindung mit dem Elternhaus abgerissen sind, tragen sie trotzdem das geistige Erbe in sich weiter und wissen auf die Frage der alten Hexe noch genau anzugeben, woher sie kommen, wes Geistes Kinder sie sind: Die Kinder antworteten: «Der Wind, der Wind, das himmlische Kind.»

Jetzt wird auch immer deutlicher, was es mit dem Holzfällerhaus auf sich hat. Das ist gewiß keine göttliche Instanz wie in Goethes «Prolog im Himmel», aber es ist Anwesenheit des Göttlichen im Irdischen, in Verbindung damit eine prägende und wirkende geistige Kraft, die auch dann noch trägt, wenn die Bewegung mitten hineinführt in die Dunkelheit und Gefahr. Das Vöglein, wir müssen noch einmal darauf zurückkommen, lenkt zum Ort des Unheils und möglichen Untergangs. Wohin aber soll es denn, angesichts vollkommener Verfinsterung, sonst führen, wenn nicht zum Kern, zum Zentrum solcher Entwicklung? Soll Rettung kommen, dann doch nur in dieser Auseinandersetzung. Und indem die Kinder hierin siegen, beweisen sie sowohl die Macht des Vaterhauses als auch ihre eigene Kraft trotz der vorübergehenden Verirrung. Die mußte notwendig folgen, weil sich die Kinder zu lösen hatten, um selbständig ihren Weg zu gehen; jeder Rückzug ins Elternhaus erwies sich von Mal zu Mal undurchführbarer. Sichtbar wird jetzt wieder die Verwandtschaft mit dem Goethedrama:

> «Zieh diesen Geist von seinem Urquell ab,
> Und führ ihn, kannst du ihn erfassen,
> Auf deinem Wege mit herab,
> Und steh beschämt, wenn du bekennen mußt:
> Ein guter Mensch, in seinem dunklen Drange,
> Ist sich des rechten Weges wohl bewußt.»[3]

Zum Schluß müssen die Kinder, reich mit Perlen und Edelsteinen beschenkt, über ein großes Wasser. Damit runden die Gebrüder Grimm nur ab, wovon der Anfang schon erzählt hat: daß hier zwei voneinander getrennte, ja gegensätzliche Welten bestehen, deren eine es zu überwinden gilt.

Man kann den gesamten Vorgang selbstverständlich auch psychologisch auslegen, daß unschuldige Kinder, ausgerüstet mit den geistigen Gaben ihrer Eltern, doch allein auf sich gestellt, die Welt des Zaubers und der Verlockung zu durchschauen und zu bestehen haben. Man kann das Geschehen aber, und das ist die Absicht dieser Arbeit, darüber hinaus auf eine höhere Ebene verlagern, wo nicht mehr nur Individuelles, sondern Allgemein-Menschliches, Welthaftes gemeint ist, das getragen wird von einer göttlichen Ordnung, die eben nicht Illusionen und Wunderglauben züchtet, sondern Kraft gibt, härtesten Prüfungen standzuhalten, Unheil abzuwenden.

Sneewittchen

Es war einmal mitten im Winter, und die Schneeflocken fielen wie Federn vom Himmel herab, da saß eine Königin an einem Fenster, das einen Rahmen von schwarzem Ebenholz hatte, und nähte. Und wie sie so nähte und nach dem Schnee aufblickte, stach sie sich mit der Nadel in den Finger, und es fielen drei Tropfen Blut in den Schnee. Und weil das Rote im weißen Schnee so schön aussah, dachte sie bei sich: «Hätt' ich ein Kind so weiß wie Schnee, so rot wie Blut und so schwarz wie das Holz an dem Rahmen.» Bald darauf bekam sie ein Töchterlein, das war so weiß wie Schnee, so rot wie Blut und so schwarzhaarig wie Ebenholz und ward darum das Sneewittchen (Schneeweißchen) genannt. Und wie das Kind geboren war, starb die Königin.

Über ein Jahr nahm sich der König eine andere Gemahlin. Es war eine schöne Frau, aber sie war stolz und übermütig und konnte nicht leiden, daß sie an Schönheit von jemand sollte übertroffen werden. Sie hatte einen wunderbaren Spiegel; wenn sie vor den trat und sich darin beschaute, sprach sie:

«Spieglein, Spieglein an der Wand,
wer ist die Schönste im ganzen Land?»

So antwortete der Spiegel:

«Frau Königin, Ihr seid die Schönste im Land.»

Da war sie zufrieden; denn sie wußte, daß der Spiegel die Wahrheit sagte.

Sneewittchen aber wuchs heran und wurde immer schöner, und als es sieben Jahr alt war, war es so schön wie der klare Tag und schöner als die Königin selbst. Als diese einmal ihren Spiegel fragte:

«Spieglein, Spieglein an der Wand,
wer ist die Schönste im ganzen Land?»

so antwortete er:

«Frau Königin, Ihr seid die Schönste hier,
aber Sneewittchen ist tausendmal schöner als Ihr.»

Da erschrak die Königin und ward gelb und grün vor Neid. Von Stund an, wenn sie Sneewittchen erblickte, kehrte sich ihr das Herz im Leibe herum, so haßte sie das Mädchen. Und der Neid und Hochmut wuchsen wie ein Unkraut in ihrem Herzen immer höher, daß sie Tag und Nacht keine Ruhe mehr hatte. Da rief sie einen Jäger und sprach: «Bring das Kind hinaus in den Wald, ich will's nicht mehr vor meinen Augen sehen. Du sollst es töten und mir Lunge und Leber zum Wahrzeichen mitbringen.» Der Jäger gehorchte und führte es hinaus, und als er den Hirschfänger gezogen hatte und Sneewittchens unschuldiges Herz durchbohren wollte, fing es an zu weinen und sprach: «Ach, lieber Jäger, laß mir mein Leben; ich will in den wilden Wald laufen und nimmermehr wieder heimkommen.» Und weil es so schön war, hatte der Jäger Mitleiden und sprach: «So lauf hin, du armes Kind.» – Die wilden Tiere werden dich bald gefressen haben, dachte er, und doch war's ihm, als wär' ein Stein von seinem Herzen gewälzt, weil er es nicht zu töten brauchte. Und als gerade ein junger Frischling dahergesprungen kam, stach er ihn ab, nahm Lunge und Leber heraus und brachte sie als Wahrzeichen der Königin mit. Der Koch mußte sie in Salz kochen, und das boshafte Weib aß sie auf und meinte, sie hätte Sneewittchens Lunge und Leber gegessen.

Nun war das arme Kind in dem großen Wald mutterseelig allein, und ward ihm so angst, daß es alle Blätter an den Bäumen ansah und nicht wußte, wie es sich helfen sollte. Da fing es an zu laufen und lief über die spitzen Steine und durch die Dornen, und die wilden Tiere sprangen an ihm vorbei, aber sie taten ihm nichts. Es lief, solange nur die Füße noch fort konnten, bis es bald Abend werden wollte; da sah es ein kleines Häuschen und ging hinein, sich zu ruhen. In dem Häuschen war alles klein, aber so zierlich und reinlich, daß es nicht zu sagen ist. Da stand ein weißgedecktes Tischlein mit sieben kleinen Tellern, jedes Tellerlein mit seinem Löffelein, ferner sieben Messerlein und Gäblein und sieben Becherlein. An der Wand waren sieben Bettlein nebeneinander aufgestellt und schneeweiße Laken darüber gedeckt. Sneewittchen, weil es so hungrig und durstig war, aß von jedem Tellerlein ein wenig Gemüs und Brot und trank aus jedem Becherlein einen Tropfen Wein; denn es wollte nicht einem allein alles wegnehmen. Hernach, weil es so müde war, legte es sich in ein Bettchen, aber keins paßte; das eine war zu lang, das andere zu kurz, bis endlich das siebente recht war: und darin blieb es liegen, befahl sich Gott und schlief ein.

Als es ganz dunkel geworden war, kamen die Herren von dem Häuslein: das waren die sieben Zwerge, die in den Bergen nach Erz hackten und gruben. Sie zündeten ihre sieben Lichtlein an, und wie es nun hell im Häuslein ward, sahen sie, daß jemand darin gewesen war; denn es stand nicht alles so in der Ordnung, wie sie es verlassen hatten. Der erste sprach: «Wer hat auf meinem Stühlchen gesessen?» Der zweite: «Wer hat von meinem Tellerchen gegessen?» Der dritte: «Wer hat von meinem Brötchen genommen?» Der vierte: «Wer hat von meinem Gemüschen gegessen?» Der fünfte: «Wer hat mit meinem Gäbelchen gestochen?» Der sechste: «Wer hat mit meinem Messerchen geschnitten?» Der siebente: «Wer hat aus meinem Becherlein getrunken?» Dann sah sich der erste um und sah, daß auf seinem Bett eine kleine Delle war; da sprach er: «Wer hat in mein Bettchen getreten?» Die andern kamen gelaufen und riefen: «In meinem hat auch jemand gelegen.» Der siebente aber, als er in sein Bett sah, erblickte Sneewittchen, das lag darin und schlief. Nun rief er die andern, die kamen herbeigelaufen und schrieen vor Verwunderung, holten ihre sieben Lichtlein und beleuchteten Sneewittchen. «Ei, du mein Gott! Ei, du mein Gott!» riefen sie, «was ist das Kind so schön!» und hatten so große Freude, daß sie es nicht aufweckten, sondern im Bettlein fortschlafen ließen. Der siebente Zwerg aber schlief bei seinen Gesellen, bei jedem eine Stunde: da war die Nacht herum.

Als es Morgen war, erwachte Sneewittchen, und wie es die sieben Zwerge sah, erschrak es. Sie waren aber freundlich und fragten: «Wie heißt du?» – «Ich heiße Sneewittchen», antwortete es. «Wie bist du in unser Haus gekommen?» sprachen weiter die Zwerge. Da erzählte es ihnen, daß seine Stiefmutter es hätte wollen umbringen lassen, der Jäger hätte ihm aber das Leben geschenkt, und da wär' es gelaufen den ganzen Tag, bis es endlich ihr Häuslein gefunden hätte. Die Zwerge sprachen: «Willst du unsern Haushalt versehen, kochen, betten, waschen, nähen und stricken, und willst du alles ordentlich und reinlich halten, so kannst du bei uns bleiben, und es soll dir an nichts fehlen.» – «Ja», sagte Sneewittchen, «von Herzen gern», und blieb bei ihnen. Es hielt ihnen das Haus in Ordnung: Morgens gingen sie in die Berge und suchten Erz und Gold, abends kamen sie wieder, und da mußte ihr Essen bereit sein. Den Tag über war das Mädchen allein; da warnten es die guten Zwerglein und sprachen: «Hüte dich vor deiner Stiefmutter, die wird bald wissen, daß du hier bist; laß ja niemand herein.»

Die Königin aber, nachdem sie Sneewittchens Lunge und Leber glaubte gegessen zu haben, dachte nicht anders als, sie wäre wieder die Erste und Allerschönste, trat vor ihren Spiegel und sprach:

«Spieglein, Spieglein an der Wand,
wer ist die Schönste im ganzen Land?»

Da antwortete der Spiegel:

«Frau Königin, Ihr seid die Schönste hier,
aber Sneewittchen über den Bergen
bei den sieben Zwergen
ist noch tausendmal schöner als Ihr.»

Da erschrak sie; denn sie wußte, daß der Spiegel keine Unwahrheit sprach, und merkte, daß der Jäger sie betrogen hatte, und Sneewittchen noch am Leben war. Und da sann und sann sie aufs neue, wie sie es umbringen wollte; denn solange sie nicht die Schönste war im gan-

zen Land, ließ ihr der Neid keine Ruhe. Und als sie sich endlich etwas ausgedacht hatte, färbte sie sich das Gesicht und kleidete sich wie eine alte Krämerin und war ganz unkenntlich. In dieser Gestalt ging sie über die sieben Berge zu den sieben Zwergen, klopfte an die Türe und rief: «Schöne Ware feil! feil!» Sneewittchen guckte zum Fenster heraus und rief: «Guten Tag, liebe Frau, was habt Ihr zu verkaufen?» – «Gute Ware, schöne Ware», antwortete sie, «Schnürriemen von allen Farben», und holte einen hervor, der aus bunter Seide geflochten war. «Die ehrliche Frau kann ich herein lassen», dachte Sneewittchen, riegelte die Türe auf und kaufte sich den hübschen Schnürriemen. «Kind», sprach die Alte, «wie du aussiehst! Komm, ich will dich einmal ordentlich schnüren.» Sneewittchen hatte kein Arg, stellte sich vor sie und ließ sich mit dem neuen Schnürriemen schnüren: aber die Alte schnürte geschwind und schnürte so fest, daß dem Sneewittchen der Atem verging und es für tot hinfiel. «Nun bist du die Schönste gewesen», sprach sie und eilte hinaus.
Nicht lange darauf, zur Abendzeit, kamen die sieben Zwerge nach Haus, aber wie erschraken sie, als sie ihr liebes Sneewittchen auf der Erde liegen sahen; und es regte und bewegte sich nicht, als wäre es tot. Sie hoben es in die Höhe, und weil sie sahen, daß es zu fest geschnürt war, schnitten sie den Schnürriemen entzwei: Da fing es an ein wenig zu atmen und ward nach und nach wieder lebendig. Als die Zwerge hörten, was geschehen war, sprachen sie: «Die alte Krämerfrau war niemand als die gottlose Königin. Hüte dich und laß keinen Menschen herein, wenn wir nicht bei dir sind.»
Das böse Weib aber, als es nach Hause gekommen war, ging vor den Spiegel und fragte:

«Spieglein, Spieglein an der Wand,
wer ist die Schönste im ganzen Land?»

Da antwortete er wie sonst:

«Frau Königin, Ihr seid die Schönste hier,
aber Sneewittchen über den Bergen
bei den sieben Zwergen
ist noch tausendmal schöner als Ihr.»

Als sie das hörte, lief ihr alles Blut zum Herzen, so erschrak sie; denn sie sah wohl, daß Sneewittchen wieder lebendig geworden war. «Nun aber», sprach sie, «will ich etwas aussinnen, das dich zu Grunde richten soll», und mit Hexenkünsten, die sie verstand, machte sie einen giftigen Kamm. Dann verkleidete sie sich und nahm die Gestalt eines andern alten Weibes an. So ging sie hin über die sieben Berge zu den sieben Zwergen, klopfte an die Türe und rief: «Gute Ware feil! feil!» Sneewittchen schaute heraus und sprach: «Geht nur weiter, ich darf niemand hereinlassen.» – «Das Ansehen wird dir doch erlaubt sein», sprach

die Alte, zog den giftigen Kamm heraus und hielt ihn in die Höhe. Da gefiel er dem Kinde so gut, daß es sich betören ließ und die Türe öffnete. Als sie des Kaufs einig waren, sprach die Alte: «Nun will ich dich einmal ordentlich kämmen.» Das arme Sneewittchen dachte an nichts und ließ die Alte gewähren, aber kaum hatte sie den Kamm in die Haare gesteckt, als das Gift darin wirkte, und das Mädchen ohne Besinnung niederfiel. «Du Ausbund von Schönheit», sprach das boshafte Weib, «jetzt ist's um dich geschehen», und ging fort. Zum Glück aber war es bald Abend, wo die sieben Zwerglein nach Haus kamen. Als sie Sneewittchen wie tot auf der Erde liegen sahen, hatten sie gleich die Stiefmutter in Verdacht, suchten nach und fanden den giftigen Kamm, und kaum hatten sie ihn herausgezogen, so kam Sneewittchen wieder zu sich und erzählte, was vorgegangen war. Da warnten sie es noch einmal, auf seiner Hut zu sein und niemand die Türe zu öffnen.
Die Königin stellte sich daheim vor den Spiegel und sprach:

«Spieglein, Spieglein an der Wand,
wer ist die Schönste im ganzen Land?»

Da antwortete er wie vorher:

«Frau Königin, Ihr seid die Schönste hier,
aber Sneewittchen über den Bergen
bei den sieben Zwergen
ist doch noch tausendmal schöner als Ihr.»

Als sie den Spiegel so reden hörte, zitterte und bebte sie vor Zorn. «Sneewittchen soll sterben», rief sie, «und wenn es mein eignes Leben kostet.» Darauf ging sie in eine ganz verborgene einsame Kammer, wo niemand hinkam, und machte da einen giftigen giftigen Apfel. Äußerlich sah er schön aus, weiß mit roten Backen, daß jeder, der ihn erblickte, Lust danach bekam, aber wer ein Stückchen davon aß, der mußte sterben. Als der Apfel fertig war, färbte sie sich das Gesicht und verkleidete sich in eine Bauersfrau, und so ging sie über die sieben Berge zu den sieben Zwergen. Sie klopfte an, Sneewittchen streckte den Kopf zum Fenster heraus und sprach: «Ich darf keinen Menschen einlassen, die sieben Zwerge haben mir's verboten.» – «Mir auch recht», antwortete die Bäuerin, «meine Äpfel will ich schon los werden. Da, einen will ich dir schenken.» – «Nein», sprach Sneewittchen, «ich darf nichts annehmen.» – «Fürchtest du dich vor Gift?» sprach die Alte, «siehst du, da schneide ich den Apfel in zwei Teile; den roten Backen iß du, den weißen will ich essen.» Der Apfel war aber so künstlich gemacht, daß der rote Backen allein vergiftet war. Sneewittchen lusterte den schönen Apfel an, und als es sah, daß die Bäuerin davon aß, so konnte es nicht länger widerstehen, streckte die Hand hinaus und nahm die giftige Hälfte. Kaum aber hatte es einen Bissen davon im Mund, so fiel es tot zur Erde nieder. Da betrachtete es die Königin mit grausigen Blicken und lachte überlaut und sprach: «Weiß wie Schnee, rot wie Blut, schwarz wie Ebenholz! Diesmal können dich die Zwerge nicht wieder erwecken.» Und als sie daheim den Spiegel befragte:

«Spieglein, Spieglein an der Wand,
wer ist die Schönste im ganzen Land?»

so antwortete er endlich:

«Frau Königin, Ihr seid die Schönste im Land.»

Da hatte ihr neidisches Herz Ruhe, so gut ein neidisches Herz Ruhe haben kann.

Die Zwerglein, wie sie abends nach Haus kamen, fanden Sneewittchen auf der Erde liegen, und es ging kein Atem mehr aus seinem Mund, und es war tot. Sie hoben es auf, suchten, ob sie was Giftiges fänden, schnürten es auf, kämmten ihm die Haare, wuschen es mit Wasser und Wein, aber es half alles nichts; das liebe Kind war tot und blieb tot. Sie legten es auf eine Bahre und setzten sich alle siebene daran und beweinten es und weinten drei Tage lang. Da wollten sie es begraben, aber es sah noch so frisch aus wie ein lebender Mensch und hatte noch seine schönen roten Backen. Sie sprachen: «Das können wir nicht in die schwarze Erde versenken», und ließen einen durchsichtigen Sarg von Glas machen, daß man es von allen Seiten sehen konnte, legten es hinein und schrieben mit goldenen Buchstaben seinen Namen darauf und daß es eine Königstochter wäre. Dann setzten sie den Sarg hinaus auf den Berg, und einer von ihnen blieb immer dabei und bewachte ihn. Und die Tiere kamen auch und beweinten Sneewittchen, erst eine Eule, dann ein Rabe, zuletzt ein Täubchen.

Nun lag Sneewittchen lange lange Zeit in dem Sarg und verweste nicht, sondern sah aus, als wenn es schliefe; denn es war noch so weiß als Schnee, so rot als Blut und so schwarzhaarig wie Ebenholz. Es geschah aber, daß ein Königssohn in den Wald geriet und zu dem Zwergenhaus kam, da zu übernachten. Er sah auf dem Berg den Sarg und das schöne Sneewittchen darin und las, was mit goldenen Buchstaben darauf geschrieben war. Da sprach er zu den Zwergen: «Laßt mir den Sarg, ich will euch geben, was ihr dafür haben wollt.» Aber die Zwerge antworteten: «Wir geben ihn nicht um alles Gold in der Welt.» Da sprach er: «So schenkt ihn mir; denn ich kann nicht leben, ohne Sneewittchen zu sehen, ich will es ehren und hochachten wie mein Liebstes.» Wie er so sprach, empfanden die guten Zwerglein Mitleiden mit ihm und gaben ihm den Sarg. Der Königssohn ließ ihn nun von seinen Dienern auf den Schultern forttragen. Da geschah es, daß sie über einen Strauch stolperten, und von dem Schüttern fuhr der giftige Apfelgrütz, den Sneewittchen abgebissen hatte, aus dem

Hals. Und nicht lange, so öffnete es die Augen, hob den Deckel vom Sarg in die Höhe und richtete sich auf und war wieder lebendig. «Ach Gott, wo bin ich?» rief es. Der Königssohn sagte voll Freude: «Du bist bei mir», und erzählte, was sich zugetragen hatte, und sprach: «Ich habe dich lieber als alles auf der Welt; komm mit mir in meines Vaters Schloß, du sollst meine Gemahlin werden.» Da war ihm Sneewittchen gut und ging mit ihm, und ihre Hochzeit ward mit großer Pracht und Herrlichkeit angeordnet.
Zu dem Fest wurde aber auch Sneewittchens gottlose Stiefmutter eingeladen. Wie sie sich nun mit schönen Kleidern angetan hatte, trat sie vor den Spiegel und sprach:

«Spieglein, Spieglein an der Wand,
wer ist die Schönste im ganzen Land?»

Der Spiegel antwortete:

«Frau Königin, Ihr seid die Schönste hier,
aber die junge Königin ist tausendmal schöner als Ihr.»

Da stieß das böse Weib einen Fluch aus, und ward ihr so angst, so angst, daß sie sich nicht zu fassen wußte. Sie wollte zuerst gar nicht auf die Hochzeit kommen. Doch ließ es ihr keine Ruhe, sie mußte fort und die junge Königin sehen. Und wie sie hineintrat, erkannte sie Sneewittchen, und vor Angst und Schrecken stand sie da und konnte sich nicht regen. Aber es waren schon eiserne Pantoffeln über Kohlenfeuer gestellt und wurden mit Zangen hereingetragen und vor sie hingestellt. Da mußte sie in die rotglühenden Schuhe treten und so lange tanzen, bis sie tot zur Erde fiel.

Sneewittchen

Dieses Märchen fordert, weil es eine Fülle eigenwilliger und ausgeprägter Bilder verwendet, zur Deutung geradezu heraus: Sneewittchen selbst; die Königin und der Spiegel; die sieben Zwerge; Gürtel, Kamm und Apfel; Sarg und Königssohn; das Schloß. Den ersten Anreiz aber verschafft eine von Grimm hinzugefügte Bilderkette: Als Sneewittchen tot im Sarge liegt, kommen auch Tiere und beweinen das Mädchen, «erst eine Eule, dann ein Rabe, zuletzt ein Täubchen». Das sind, in historischer Reihenfolge, die Symbole für griechische, germanische und christliche Kultur.[1]

Was soll diese Ergänzung? Zunächst verweist sie darauf, daß mit «Sneewittchen» nicht in erster Linie eine Person, sondern ein Prinzip gemeint ist, das sich offenbar durch alle Zeiten zieht, das bewahrt bleibt, auch wenn es vorübergehend zerstört

scheint. Aber was für ein Prinzip? Der Name, gemeinhin als Schneeweißchen aufgefaßt,[2] lenkt den Blick auf Reinheit, Unschuld. Aber wir spüren, daß diese Eigenschaften allein das Geschehen von Verfolgung, Tod und Erweckung nicht vollauf erschließen können.

Greifen wir zurück auf die sprachgeschichtliche Bedeutung des Grundworts «-wittchen», hinter dem nicht allein mhd «wîz = weiß, glänzend» steckt, sondern ebenso mhd «wizzen = wissen, verstehen»[3]. Und zumindest auf symbolischer Ebene stehen «weiß» und «weis(e)» in durchaus engem Zusammenhang; darauf deutet außerdem hin, daß neben mhd «wîz» auch noch mhd «wîs = verständig, klug, kundig, weise» existiert. Danach verkörpert Sneewittchen reines, unverstelltes Wissen, Weisheit, die man immer zusammenhängend mit Wahrheit und Schönheit gesehen hat.

Was ist das aber für eine Weisheit, so wird man sofort fragen, deren Repräsentant so gar nichts tut, nicht handelt, von den Zwergen beschützt wird, trotz der Warnungen sich dreimal verführen läßt und dann ruht?

Zuerst: So ganz passiv bleibt Sneewittchen nicht. Es wird losgerissen vom Elternhaus, muß sich, mutterseelenallein, behaupten gegenüber allen Gefahren, die von innen und außen erscheinen (spitze Steine, Dornen, wilde Tiere sind dafür Bilder). Der Wald, in dem sich das alles zunächst abspielt, steht für Verengung, Verfinsterung; der Text deutet nur an, welche Arbeit hier geleistet wird («wußte nicht, wie es sich helfen sollte. Da fing es an zu laufen… Es lief, solange nur die Füße noch fort konnten…»); spät am Abend kommt es erst zur Ruhe[4]. Sneewittchen gelangt zu den Zwergen, wo es ganz unter seiner Würde lebt und dennoch freudig und gewissenhaft dient. Zweifellos: Der Einwand, es werde zu sehr in einer passiven Rolle gezeigt und könne daher nicht als Beispiel lebendiger Wahrheit aufgefaßt werden, ist damit noch nicht entkräftet; es wird lediglich aufmerksam gemacht darauf, daß sich Sneewittchen nicht nur ziehen läßt. Es tut etwas, es tut zunächst so viel, wie ihm zu tun ermöglicht wird.

Beachten wir nun aber auch den ersten Satz des Märchens: «Es war einmal mitten im Winter…» Man sollte diesen Satz nicht einfach überlesen, als bloß erzählerische Einleitungsfloskel nehmen. Er bildet vielmehr den Auftakt, den Hintergrund zum Geschehen. Geschildert wird die Jahreszeit des Ruhens, der Besinnung, des geheimnisvoll unsichtbaren Wachsens, des stillen Reifens. Hier aktiv zu werden, zu säen, um es im Bild eines naturrhythmischen Vorgangs zu fassen, wäre unklug. Es gibt eine Zeit zum Handeln und eine Zeit zum Ruhen, so wie es Einatmen und Ausatmen, Tag und Nacht gibt. Und dieses Märchen zeigt, wie auch «Dornröschen», die Phase des zurückgezogenen, verhaltenen Abwartens zu einer Zeit, da Hohes mißachtet und verfolgt wird; anders z.B. im «Froschkönig», in «Hänsel und Gretel», im «Königssohn, der sich vor nichts fürchtet», wo von unermüdlichem Ringen und großer Anstrengung erzählt wird.

Weisheit, so kann man ablesen, ist nicht pausenloses Tun, ist auch kluges Verteilen der Kräfte gemäß höherer Einsicht in Gegebenheiten, Möglichkeiten und Notwendigkeiten der jeweiligen Zeit.

Beginnen wir noch einmal von vorn: Der Gedankengang ins Prinzipielle ist ja auch durch die Farbsymbolik zu Beginn des Textes angezeigt: Schwarz als die Farbe des Dunkeln, weiß als die Farbe des Lichten; hinzu tritt Rot, die Farbe des Bluts, des Lebens; sie gibt dem Gegensatz gewissermaßen erst Gestalt. Dieser Gegensatz wird dann fortlaufend entfaltet: hier die Stiefmutter, äußerlich ebenfalls schön, aber stolz und neidisch; dort Sneewittchen, schön und rein. Äußere und innere Welt klar getrennt durch den Spiegel, von dem wiederholt gesagt wird, daß er die Wahrheit spricht. Er leistet zweierlei: er «bespiegelt» die Stiefmutter und zeigt ihr dabei den bloß äußeren Zustand, über ihr Verlangen hinaus aber auch unerbittlich die wirklichen Verhältnisse, die sie nicht wahrhaben will. Das «tausendmal schöner» stellt zudem etwas Unvergleichliches dar, damit gleichzeitig die Aussichtslosigkeit der Stiefmutter beim Ringen um Überlegenheit. Also muß Sneewittchen getötet werden, muß es verschwinden vom «Hofe», wohin es eigentlich, seiner Art gemäß, gehört. Man glaubt, dieses Prinzip vernichten zu können, muß aber immer wieder feststellen, daß es weiterlebt, jetzt bei den sieben Zwergen hinter den sieben Bergen, bei «kleinen» Leuten also, die in der Einsamkeit, im Verborgenen, jenseits der lauten Welt wohnen (vgl. Grimms Vorwort). Doch ist ihnen Sneewittchens Wesen nicht fremd: Sie fühlen sofort das Königliche, Edle in seiner Person. Sie lassen sich durch seine Anwesenheit sogar verändern: Wird von ihnen eingangs nur gesagt, daß sie nach Erz graben, so heißt es später, daß sie nach Erz und Gold suchen und übrigens schon dadurch ihren inneren Standort sichtbar machen. Bedeutung erlangen sie außerdem durch die Zahl 7.

Man kann natürlich mit Lüthi[5] behaupten, die Zahlen wie 3, 7, 12, 100 würden formelhaft gebraucht, zu erklären aus dem Streben des Märchens nach fester Prägung. Verbirgt sich aber gerade nicht hinter dieser geprägten Form das feste Wissen um geistig-religiöse Grundgehalte, die zumindest zur Zeit, als Märchen noch eine Volkskraft waren, galten, an die man glaubte, die daher bei der Deutung ernst genommen werden müssen?[6]

Die Zwerge, so ausgezeichnet, vermögen deshalb durchaus, Sneewittchen zweimal ins Leben zurückzuholen. Sie lieben es, beten es an, weil sie ahnen, was es ist, können es aber beim dritten Mal nicht mehr befreien, es nicht zu seiner vollen Entfaltung führen; schon deshalb nicht, weil Sneewittchen nun, seinem Daseinszweck scheinbar völlig entfremdet, für den Alltag sorgen muß, wofür sie es «nähren». Sie meinen es gut mit dem schönen Kind, mehr können sie jetzt nicht tun.

Am «Hofe» merkt man bald: Dieses göttliche Prinzip ist zwar aus der großen Gesellschaft verbannt, erniedrigt, aber dennoch nicht tot. Man verfolgt es bis zu den Zwergen mit Verlockungen, Tricks und Lügen: Es wird mit einem Schnürriemen geschnürt, so daß ihm der Atem vergeht: Das geschieht, anatomisch bemerkenswert, auf dem Sonnengeflecht (Solarplexus) in der Magengegend auf der Vorderseite der Aorta, dicht unter dem Zwerchfell; es ist das größte Nervenknotengeflecht des Lebensnervensystems. Es wird sodann mit einem Kamm vergiftet, so daß das Mädchen ohne Besinnung niederfällt. Nur schwer läßt sich dieses Bild deuten; vielleicht aber kann man folgendes sagen: Der erste Angriff galt den elementaren Lebensvorgängen; als deutlich wird, daß auf dem Weg körperlicher Vernichtung keine wesensmäßige Beseitigung möglich ist, dringt man tiefer, versucht man, das Bewußtsein auszulöschen. Schließlich will das Böse von innen her zerstören. Der Apfel darf hier (ähnlich wie in der Genesis bei der Darstellung des Sündenfalls) als Symbol des Zweideutigen, der Verführung zum Zweifel und damit des Teufels gedeutet werden: «Äußerlich sah er schön aus, weiß mit roten Backen, daß jeder, der ihn erblickte, Lust (!) danach bekam, aber wer ein Stückchen davon aß, der mußte sterben... da schneide ich den Apfel in zwei Teile; den roten Backen ißt du, den weißen will ich essen... Der Apfel war aber so künstlich gemacht, daß der rote Backen allein vergiftet war.» Diesem teuflischen Trick verfällt Sneewittchen; muß es verfallen. Jenseits von Gut und Böse, sich selbst genug, kennt es die andere Seite nicht, muß sich seiner bewußt werden, indem es dauernd von außen, vom Bösen, Gegenpoligen angegriffen, immer wieder herausgefordert, zur Bewährung und Überwindung gedrängt wird, um wirksam zu werden. Auch Goethe hat im «Faust» (Prolog im Himmel) diese Polarität nur als einen Teil im Ganzen gesehen, das Böse nicht als ursprünglichen, gleichwertigen Widersacher, sondern in den Plan Gottes mit einbezogen, entstanden aus dem Glauben an den Urquell, den Reifungsprozeß vorantreibend.

In solcher Auseinandersetzung kann es zu vorläufigem Verlust und Untergang kommen. Der Sarg ist Zeichen für diese Erstarrung. Aber es ist ein gläserner Sarg: Das Vollkommene, das Göttliche wird bewahrt, scheint durch die Materie, durch die Zeit; goldene Buchstaben (Bücher; nicht mehr unmittelbares Leben) verkünden seine Existenz und seine Herkunft.[7] Sneewittchen, auf einem Berg erhöht, bleibt für die meisten verborgen und wartet auf den Königssohn, den Berufenen, der es in sich erweckt, aus dem Gefangensein, dem Scheintod erlöst, wieder lebendig macht; denn die Zwerge sind nunmehr machtlos.

Als er kommt, verwehren diese ihm den Wunsch, ahnen dann doch wohl den Zusammenhang, schenken Sneewittchen hin, lassen es zurück in des Vaters Schloß, d.h. zu dem werden, wozu es ursprünglich bestimmt war und ist. Das Ende dieses Märchens finden wir in doppelter, recht unterschiedlicher Fassung: In Grimms Bearbeitung lesen wir, daß die Diener mit dem Sarg auf den Schultern über einen Strauch stolpern, wodurch der giftige Apfelgrütz aus dem Halse springt. In der Urfassung heißt es:

«... der Prinz aber ließ ihn (den Sarg) in sein Schloß tragen, und ließ ihn in seine Stube setzen, er selber saß den ganzen Tag dabei, und konnte die Augen nicht abwenden; und wenn er aus mußte gehen und konnte Sneewittchen nicht sehen, ward er traurig, und er konnte auch keinen Bissen essen, wenn der Sarg nicht neben ihm stand. Die Diener aber, die beständig den Sarg herumtragen mußten, waren bös darüber, und einer machte einmal den Sarg auf, hob Sneewittchen in die Höh und sagte: ‹Um so eines todten Mädchens willen werden wir den ganzen Tag geplagt›, und gab ihm mit der Hand einen Stumpf in den Rücken. Da fuhr ihm der garstige Apfelgrütz... aus dem Hals» (S. 202).[8]

Bei Grimm wird Sneewittchen wie durch Zufall wieder lebendig, wobei Zufall nicht zu vordergründig verstanden werden sollte, als sei keine Ursache da; es ist vielmehr das, was dem Menschen zufällt, wovon er nur im Augenblick die Ursache nicht zu erkennen vermag. Lüthi schreibt: «Das Märchen begründet und erklärt nicht; aber es stellt dar. Seine Figuren wissen nicht, in was für Zusammenhängen sie stehen; aber sie lassen sich von diesen Zusammenhängen tragen und gelangen zum Ziel. Die jenseitigen Gestalten fügen sich nicht zu einem wohlgeordneten und überschaubaren Ganzen; wir sehen nur, wenn sie in die Handlung eingreifen, erhaschen also nur eine kleine Wendung ihres Wirkens; aber diese ordnet sich sinnvoll in das Gefüge der Handlung ein. Die Märchenhandlung selber erscheint als in sich geschlossen und doch abhängig von unsichtbaren Ordnungen. Vieles wird wirksam, ohne sichtbar zu werden. Manches wird sichtbar, aber nicht durchschaut.»[9]

Tiefgründiger im Schlußteil ist hier die Urfassung, bei der der Zufall ebenfalls eingreift, aber erst später, dadurch den Reifeprozeß verstärkt, zumal das Erwachen ins Schloß verlegt wird. Es ist dies ein besonderer Ort, ein Ort der Herrschaft, hier einer neuen Ordnung, die aus dem Bereich des Kleinen und Verborgenen (Reich der Zwerge), insbesondere des Eitlen und Bösen (Reich der Königin) herausführt. Entscheidend ist, welche Rolle der Prinz dabei spielt: Er leidet mit; und mit seiner Sehnsucht bereitet er Sneewittchens Erweckung von innen her vor. Und als schließlich, durch einen Gewaltakt auch hier, Sneewittchen aufwacht, werden mit ihm Schönheit, Reinheit und Liebe neu geboren. Noch mehr: erleben wir in Sneewittchen das Prinzip des Lichts, des Wissens, der Weisheit, wie es, durch Leid, Versuchung und Tod bereichert und gewachsen, zurück in seine königliche Heimat geht. Das Böse wird jetzt bewußt vom geistigen Prinzip vernichtet; durch das Feuer, das reinigt und verwandelt, ausgeschieden.

Der Froschkönig oder der eiserne Heinrich

In den alten Zeiten, wo das Wünschen noch geholfen hat, lebte ein König, dessen Töchter waren alle schön, aber die jüngste war so schön, daß die Sonne selber, die doch so vieles gesehen hat, sich verwunderte, sooft sie ihr ins Gesicht schien. Nahe bei dem Schlosse des Königs lag ein großer dunkler Wald, und in dem Walde unter einer alten Linde war ein Brunnen: Wenn nun der Tag recht heiß war, so ging das Königskind hinaus in den Wald und setzte sich an den Rand des kühlen Brunnens: und wenn sie Langeweile hatte, so nahm sie eine goldene Kugel, warf sie in die Höhe und fing sie wieder; und das war ihr liebstes Spielwerk.

Nun trug es sich einmal zu, daß die goldene Kugel der Königstochter nicht in ihr Händchen fiel, das sie in die Höhe gehalten hatte, sondern vorbei auf die Erde schlug und geradezu ins Wasser hineinrollte. Die Königstochter folgte ihr mit den Augen nach, aber die Kugel verschwand, und der Brunnen war tief, so tief, daß man keinen Grund sah. Da fing sie an zu weinen und weinte immer lauter und konnte sich gar nicht trösten. Und wie sie so klagte, rief ihr jemand zu: «Was hast du vor, Königstochter, du schreist ja, daß sich ein Stein erbarmen möchte.» Sie sah sich um, woher die Stimme käme, da erblickte sie einen Frosch, der seinen dicken häßlichen Kopf aus dem Wasser streckte. «Ach, du bist's, alter Wasserpatscher», sagte sie, «ich weine über meine goldene Kugel, die mir in den Brunnen hinabgefallen ist.» – «Sei still und weine nicht», antwortete der Frosch, «ich kann wohl Rat schaffen, aber was gibst du mir, wenn ich dein Spielwerk wieder heraufhole?» – «Was du haben willst, lieber Frosch», sagte sie, «meine Kleider, meine Perlen und Edelsteine, auch noch die goldene Krone, die ich trage.» Der Frosch antwortete: «Deine Kleider, deine Perlen und Edelsteine und deine goldene Krone, die mag ich nicht: aber wenn du mich lieb haben willst, und ich soll dein Geselle und Spielkamerad sein, an deinem Tischlein neben dir sitzen, von deinem goldenen Tellerlein essen, aus deinem Becherlein trinken, in deinem Bettlein schlafen: Wenn du mir das versprichst, so will ich hinuntersteigen und dir die goldene Kugel wieder heraufholen.» – «Ach ja», sagte sie, «ich verspreche dir alles, was du willst, wenn du mir nur die Kugel wiederbringst.» Sie dachte aber: «Was der einfältige Frosch schwätzt, der sitzt im Wasser bei seinesgleichen und quakt und kann keines Menschen Geselle sein.»

Der Frosch, als er die Zusage erhalten hatte, tauchte seinen Kopf unter, sank hinab, und über ein Weilchen kam er wieder herauf gerudert, hatte die Kugel im Maul und warf sie ins Gras. Die Königstochter war voll Freude, als sie ihr schönes Spielwerk wieder erblickte, hob es auf und sprang damit fort. «Warte, warte», rief der Frosch, «nimm mich mit, ich kann nicht so laufen wie du.» Aber was half ihm, daß er ihr sein quak quak so laut nachschrie, als er konnte! Sie hörte nicht darauf, eilte nach Haus und hatte bald den armen Frosch vergessen, der wieder in seinen Brunnen hinabsteigen mußte.

Am andern Tage, als sie mit dem König und allen Hofleuten sich zur Tafel gesetzt hatte und von ihrem goldenen Tellerlein aß, da kam, plitsch platsch, plitsch platsch, etwas die Marmortreppe heraufgekrochen, und als es oben angelangt war, klopfte es an der Tür und rief: «Königstochter, jüngste, mach mir auf.» Sie lief und wollte sehen, wer draußen wäre, als sie aber aufmachte, so saß der Frosch davor. Da warf sie die Tür hastig zu, setzte sich wieder an den Tisch, und war ihr ganz angst. Der König sah wohl, daß ihr das Herz gewaltig klopfte, und sprach: «Mein Kind, was fürchtest du dich, steht etwa ein Riese vor der Tür und will dich holen?» – «Ach nein», antwortete sie, «es ist kein Riese, sondern ein garstiger Frosch.» – «Was will der Frosch von dir?» – «Ach lieber Vater, als ich gestern im Wald bei dem Brunnen saß und spielte, da fiel meine goldene Kugel ins Wasser. Und weil ich so weinte, hat sie der Frosch wieder heraufgeholt, und weil er es durchaus verlangte, so versprach ich ihm, er sollte mein Geselle werden, ich dachte aber nimmermehr, daß er aus seinem Wasser heraus könnte. Nun ist er draußen und will zu mir herein.» Indem klopfte es zum zweitenmal und rief:

«Königstochter, jüngste,
mach mir auf,
weißt du nicht, was gestern
du zu mir gesagt
bei dem kühlen Brunnenwasser?
Königstochter, jüngste,
mach mir auf.»

Da sagte der König: «Was du versprochen hast, das mußt du auch halten; geh nur und mach ihm auf.» Sie ging und öffnete die Türe, da hüpfte der Frosch herein, ihr immer auf dem Fuße nach, bis zu ihrem Stuhl. Da saß er und rief: «Heb mich herauf zu dir.» Sie zauderte, bis es endlich der König befahl. Als der Frosch erst auf dem Stuhl war, wollte er auf den Tisch, und als er da saß, sprach er: «Nun schieb mir dein goldenes Tellerlein näher, damit wir zusammen essen.» Das tat sie zwar, aber man sah wohl, daß sie's nicht gerne tat. Der Frosch ließ sich's gut schmecken, aber ihr blieb fast jedes Bißlein im Halse. Endlich sprach er: «Ich habe mich satt gegessen und bin müde, nun trag mich in dein Kämmerlein, und mach dein seiden Bettlein zurecht, da wollen wir uns schlafen legen.» Die Königstochter fing an zu weinen und fürchtete sich vor dem kalten Frosch, den sie nicht anzurühren getraute und der nun in ihrem schönen reinen Bettlein schlafen sollte. Der König aber ward zornig und sprach: «Wer dir geholfen hat, als du in der Not warst, den sollst du hernach nicht verachten.» Da packte sie ihn mit zwei Fingern, trug ihn hinauf und setzte ihn in eine Ecke. Als sie aber im Bett lag, kam er gekrochen und sprach: «Ich bin müde, ich will schlafen so gut wie du. Heb mich herauf, oder ich sag's deinem Vater.» Da ward sie erst bitterböse, holte ihn herauf und warf ihn aus allen Kräften wider die Wand: «Nun wirst du Ruhe haben, du garstiger Frosch.»

Als er aber herabfiel, war er kein Frosch, sondern ein Königssohn mit schönen und freundlichen Augen. Der war nun nach ihres Vaters Willen ihr lieber Geselle und Gemahl. Da erzählte er ihr, er wäre von einer bösen Hexe verwünscht worden, und niemand hätte ihn aus dem Brunnen erlösen können als sie allein, und morgen wollten sie zusammen in sein Reich gehen. Dann schliefen sie ein, und am andern Morgen, als die Sonne sie aufweckte, kam ein Wagen herangefahren, mit acht weißen Pferden bespannt, die hatten weiße Straußfedern auf dem Kopf und gingen in goldenen Ketten, und hinten stand der Diener des jungen Königs, das war der treue Heinrich. Der treue Heinrich hatte sich so betrübt, als sein Herr war in einen Frosch verwandelt worden, daß er drei eiserne Bande hatte um sein Herz legen lassen, damit es ihm nicht vor Weh und Traurigkeit zerspränge. Der Wagen aber sollte den jungen König in sein Reich abholen; der treue Heinrich hob beide hinein, stellte sich wieder hinten auf und war voller Freude über die Erlösung. Und als sie ein Stück Wegs gefahren waren, hörte der Königssohn, daß es hinter ihm krachte, als wäre etwas zerbrochen. Da drehte er sich um und rief:

«Heinrich, der Wagen bricht.»
«Nein, Herr, der Wagen nicht,
es ist ein Band von meinem Herzen,
das da lag in großen Schmerzen,
als ihr in dem Brunnen saßt,
als ihr eine Fretsche (Frosch) wast (wart).»

Noch einmal und noch einmal krachte es auf dem Weg, und der Königssohn meinte immer, der Wagen bräche, und es waren doch nur die Bande, die vom Herzen des treuen Heinrich absprangen, weil sein Herr erlöst und glücklich war.

Der Froschkönig oder der eiserne Heinrich

«In den alten Zeiten, wo das Wünschen noch geholfen hat, lebte ein König, dessen Töchter waren alle schön, aber die jüngste war so schön, daß die Sonne selber, die doch vieles gesehen hat, sich verwunderte, sooft sie ihr ins Gesicht schien.»

Diese Einleitung, die allerdings in der Urfassung fehlt, verweist uns in höchster Steigerung auf eine Welt voller Schönheit und Wunder. Kühler Brunnen und goldene Kugel sind zentrale Bilder für das, was sich als besonderes Ereignis vollzieht: Geburt eines Menschen, nicht körperlicher, sondern seelischer Prägung – Neugeburt.

Der Brunnen[1] wird zum Sinnbild für Ursprünglichkeit und Tiefe («der Brunnen war tief, so tief, daß man keinen Grund sah»), doch gleichfalls für Enge und Dunkelheit. Beide Bildvorstellungen passen zum Geburtsakt, gerade dann, wenn er gewaltsam-gewaltig erfolgt wie am Ende dieses Märchens. Brunnen – Born – engl. born – geboren: Ein «Gefallener» (ein verhextes Wesen) ringt um eine neue Existenz, will erlöst werden aus der Tiefe, ins alte Reich zurückkehren. Aber welch ein anstrengender Weg muß zurückgelegt, überwunden werden. Dabei muß er sich zunächst selber helfen, ehe ihm geholfen wird; erst als er in den inneren Bereich vordringt, erhält er Unterstützung.

Ausgelöst wird die Bewegung durch den Verlust der goldenen Kugel, die für Augenblicke zwischen den beiden Gestalten liegt. Bei ihm äußern sich Mitleid und Hilfsbereitschaft, nicht ohne Bedingungen; materielle Dinge kümmern ihn wenig. Er spricht gleich vom Höchsten, das Menschen verbindet. Bei ihr jedoch folgt nach der Ratlosigkeit schnell kindliche Leichtfertigkeit; sie läuft davon und läßt den Frosch wieder allein.

Aber da ist das Zeichen: die goldene Kugel. Das einmal geschaute Bild bleibt, weckt Erinnerungen, treibt den Froschkönig voran, auch wenn er zunächst nach dem Wortbruch, als müsse er sich davon erholen, für eine kurze Weile in die Tiefe zurückfällt.

Doch das Zeichen wird zur Kraft, bringt es doch unmittelbar zum Ausdruck «die

Grundgesetzlichkeit des Alls, die Polarität von Einheit und Mannigfaltigkeit»[2]. Denn die Kugel ist ein allereinfachster Körper, der ebenso einen Vielflächner darstellt; da ist kein Anfang und kein Ende, doch wiederum Begrenzung bei unbegrenzter Ausdehnung nach allen Seiten. «...und das ist in der Tat das Prinzip des Universums»[3].

Dieses Zeichen zieht den Froschkönig nach oben, immer höher; mit ihm verbindet er das Versprechen. Jetzt kriecht er die Marmortreppe *hinauf*, geht er in den Saal *hinein*, hebt ihn die Tochter auf Befehl des Vaters *auf* den Stuhl, setzt er sich *auf* den Tisch, speist er *zusammen* mit ihnen, trägt ihn die Tochter wieder Treppen *hinauf in* ihr Zimmer, will er *in* ihr Bett *gehoben* werden. So geht es von unten nach oben in aufeinanderfolgenden Stufen, von außen nach innen; zeigt der Erzähler vom Verlassen des Brunnens bis zum Höhepunkt der Vereinigung den beschwerlichen Aufstieg eines Lebewesens, in dem sich ein «König» verbirgt, also ein hochstehender Mensch eingeschlossen ist, auch wenn das Äußere abstoßend, garstig und aufdringlich wirkt. Indem es sich in immer kostbarere und intimere Räume führen läßt, unablenkbar eindringt, sich zurückerobert, zeigt sich der mächtige Wille zur Höherentwicklung und Selbstfindung.

Das Verhalten der Königstochter hingegen muß bei flüchtiger Betrachtung befremden: Sie hält ihr Versprechen nicht; sie muß vom Vater gezwungen werden, ihr Wort einzulösen; sie wirft, ein unbarmherziges Bild, den Fordernden bitterböse gegen die Wand. Weshalb darf sie, die Untreue, dann doch den schönen Königssohn heiraten?

Was folgewidrig scheint, wird aufgelöst, wenn wir erneut den Beginn betrachten. Diese Königstochter ist nicht irgend jemand: Sie ist die schönste der Töchter, selbst die Sonne verwundert sich; sie ist das Kind eines höchst gerechten Herrschers; sie spielt mit der goldenen Kugel, und diese ist «ihr liebstes Spielwerk». Es ergibt sich eindeutig ein Bild der Würde und Harmonie. Eine Aburteilung dieser Gestalt wäre zu voreilig.

Sie bindet sich, da sie des Frosches Angebot zu helfen annimmt. Von Stund an wird auch die Prinzessin in eine Entwicklung gezogen, um sich ihrer selbst bewußt zu werden und zu reifen. Sie begreift allerdings ihre Aufgabe zunächst nicht, sie flieht und vergißt. Doch diese flüchtige Begegnung hat Konsequenzen: Der Frosch klammert sich an sie. Zwar kann er sich, gezogen von der Sehnsucht nach oben, bis zu einer gewissen Höhe allein helfen, aber für die letzten Schritte zur Vereinigung braucht er Hilfe. Diese Hilfe wird ihm jedoch erst und nur gewährt, wenn er einen bestimmten Weg durch eigenes Bestreben[4] zurückgelegt hat, da er noch zu unentwickelt ist und sie deshalb den in ihm verborgenen Königssohn nicht erkennen kann. Beide aber sind einander zugeordnet («und niemand hatte ihn aus dem Brunnen erlösen können als sie allein», fügen die Gebrüder Grimm hinzu). Die Prinzessin kann dem nicht entfliehen; der Ruf aus der Tiefe hat Zwang, das Versprechen muß erfüllt werden.

An dieser Stelle erscheint der König. Er vertritt das Gesetz von Ursache und Wirkung, das Gesetz der Kausalität: «Was du versprochen hast, das mußt du... auch halten», und beim dritten Mal zornig: «Wer dir geholfen hat, als du in der Not warst, den sollst du hernach nicht verachten.» Gefordert werden Treue und Menschlichkeit, Erweiterung des Bewußtseins und der Seele. Erst wenn es gelingt, durch Erfahrung und Entwicklung den Willen des Königs zu erfüllen, wird der Mensch frei. Alle Gegenwehr ist vergeblich, das Gesetz, nennen wir es auch ruhig Schicksal, zwingt; die Königstochter kann die Erfüllung hinausschieben, die Forderung aber nicht aufheben. Der Befehl wird immer nachdrücklicher.

Die Höhe, auf die hin sich die Begegnung entwickelt, wird erkennbar in zwei hintergründigen Handlungen: im gemeinsamen Mahl und im gemeinsamen Schlaf. Besonders in früherer Zeit hatte das Mahl sakralen Charakter. Schon in den Mysterien von Eleusis wurde es so begangen. Wein symbolisierte das Geistige, Brot das Stoffliche. Bei Einweihungen mußte der Kandidat Brot und Wein zu sich nehmen zum Zeichen, daß der Geist die Materie beleben, d.h. daß die göttliche Weisheit des höheren Selbst in das niedere Selbst oder die Seele eindringen soll[5]. Die Bezüge zu unserem Märchen sind deutlich.

Der gemeinsame Schlaf von Mann und Frau bringt Vereinigung, den Zusammenfall der Gegensätze, Erlösung; er ermöglicht neue Form, Zukunft.

Fast scheint es, als würde die Königstochter versagen: Sie wirft den garstigen Frosch «aus allen Kräften wider die Wand». Es ist eine Tat der Verzweiflung aus Ekel vor dem scheinbar Niedrigen, dessen Entwicklung noch nicht abgeschlossen ist. Doch gerade und erst durch den unfaßbaren Gewaltakt, in dem das Garstige endgültig getötet wird, entsteht die Lösung, Erlösung. Es ist keine Vernichtung, sondern eine Verwandlung, wie alles im Kosmos, ist eine gewaltsame Zerstörung der Hülle zur Geburt der höheren Erscheinung, so wie aus der häßlichen Larve der glänzende Schmetterling schlüpft.

Jetzt wird klar: Die Königstochter, noch unreif und verspielt, kann nicht anders handeln, muß verständlicherweise das ungewöhnliche Verlangen abwehren, solange die grobe Hülle nicht zerstört ist; denn erst, wenn der Froschkönig wieder «König» ist, ihre Ebene erreicht hat, kann eine mystische Vereinigung vollzogen werden, auf die hin sie sich inzwischen ebenfalls entwickeln sollte.

So also wechseln am Ende die Bilder ihre Bedeutung: Nicht Unbarmherzigkeit bestimmt die Handlung, sondern höhere Notwendigkeit, von der nur der König weiß.

Doppelsinnig schließt der Erzähler diesen Teil:

«Als sie aber im Bett lag, kam er gekrochen und sprach: ‹ich bin müde, ich will schlafen so gut wie du: Heb mich herauf, oder ich sag's deinem Vater.›» Da ward sie erst bitterböse, holte ihn herauf und warf ihn aus allen Kräften wider die Wand: ‹Nun wirst du Ruhe haben, du garstiger Frosch.›»

Noch zweimal ist die Rede von Höherentwicklung: Von seiner Seite geäußert als dringender Appell, von ihrer Seite in zerstörerischer Aggression. Wenn sie die doppelsinnigen Schlußworte spricht, ahnt sie noch nicht, was sie in Wirklichkeit sagt. Indem ja eigentlich *sie* Ruhe haben will, bringt sie sie ihm, befreit sie ihn von ruheloser, unbedingter Suche und zugleich sich selbst von Untreue aus Leichtfertigkeit und Unkenntnis.

Das Märchen ist aber noch nicht zu Ende. Es hat, als einziges der Kinder- und Hausmärchen, einen doppelten Titel; in manchen Fassungen heißt es sogar «Der eiserne Heinrich». Damit ist ein doppeltes Motiv angezeigt: Der Aufstieg eines Menschen und die Treue seines Dieners. Ist aber nicht auch im Hauptteil letzten Endes von der Treue die Rede, gegenüber sich selbst, gegenüber andern, gegenüber seinem Schicksal?

Fragen wir genauer, wer mit dem treuen Heinrich gemeint sein kann! So viel ist klar, daß er seit alters mit dem Königssohn verbunden ist, daß er zur Stelle ist, als aus dem Frosch ein König wird, daß er bei der Fahrt beschützend hinter dem Paar steht: Vergangenheit, Gegenwart und Zukunft spiegeln sich in seiner Dienerschaft. Spiegelt dann der treue Heinrich nicht das unzerstörbare Wesen, das höhere Selbst des Königssohns, dessen Seelenkern, der nach dem Fall betrübt ist, sich eingeengt und eingekerkert fühlt und sich laut befreit nach der Erlösung? Eisern, dem innersten Wesen treu, übersteht er die Zeit. Verständlicher wird dieser Gedankengang, wenn man bedenkt, daß Dienen als höchste Form persönlichen Seins aufgefaßt werden kann. Man erinnere sich, als Steigerung dazu, des Märchens «Der treue Johannes»!

«Dann schliefen sie ein, und am andern Morgen, als die Sonne sie aufweckte, kam ein Wagen herangefahren...» Eine Entwicklung ist abgeschlossen, ein neuer Tag, ein anderes Leben kann beginnen. Zweimal wird davon gesprochen, daß sie zusammen in *sein* Reich fahren, daß sich also der junge König, nunmehr ohne Hilfe von oben, auf höherer Ebene bewähren muß und darf.

Doppelt wird Erlösung gezeigt in zweifacher Stufung: Zunächst wird der Königssohn durch einen Kraftakt befreit und mit der Königstochter vereint, sodann der Befreite mit seinem treuen Diener zusammengeführt, der sich nun seinerseits, nach langer Trennung, unter lautem Getöse aus der Einengung löst.

Das ist ein Vorgang, in dem zweimal mit allerletzter Kraft die letzten Fesseln gesprengt werden. Mit dem Bild von acht weißen Pferden[6] mit weißen Straußenfedern und in goldenen Ketten endet ein langer und gewaltiger Prozeß. Durch die Zahl – sie ist diesmal Zeichen für Gerechtigkeit und Glückseligkeit[7] – erhält der Leser noch einmal einen Rückblick auf das Gesetz, nach dem der Königssohn seinen Weg vollenden konnte; aber auch einen Ausblick auf die Zukunft des Paares. Die wird verklärt in den Farben «weiß» und «golden», durch die Vorstellung von Läuterung, Reinheit und Licht.

Frau Holle

Eine Witwe hatte zwei Töchter, davon war die eine schön und fleißig, die andere häßlich und faul. Sie hatte aber die häßliche und faule, weil sie ihre rechte Tochter war, viel lieber, und die andere mußte alle Arbeit tun und der Aschenputtel im Hause sein. Das arme Mädchen mußte sich täglich auf die große Straße bei einem Brunnen setzen und mußte so viel spinnen, daß ihm das Blut aus den Fingern sprang. Nun trug es sich zu, daß die Spule einmal ganz blutig war; da bückte es sich damit in den Brunnen und wollte sie abwaschen: sie sprang ihm aber aus der Hand und fiel hinab. Es weinte, lief zur Stiefmutter und erzählte ihr das Unglück. Sie schalt es aber so heftig und war so unbarmherzig, daß sie sprach: «Hast du die Spule hinunterfallen lassen, so hol sie auch wieder herauf.» Da ging das Mädchen zu dem Brunnen zurück und wußte nicht, was es anfangen sollte: und in seiner Herzensangst sprang es in den Brunnen hinein, um die Spule zu holen. Es verlor die Besinnung, und als es erwachte und wieder zu sich selber kam, war es auf einer schönen Wiese, wo die Sonne schien, und viele tausend Blumen standen. Auf dieser Wiese ging es fort und kam zu einem Backofen, der war voller Brot; das Brot aber rief: «Ach, zieh mich raus, zieh mich raus, sonst verbrenn' ich, ich bin schon längst ausgebacken.» Da trat es herzu und holte mit dem Brotschieber alles nacheinander heraus. Danach ging es weiter und kam zu einem Baum, der hing voll Äpfel und rief ihm zu: «Ach, schüttel mich, schüttel mich, wir Äpfel sind alle miteinander reif.» Da schüttelte es den Baum, daß die Äpfel fielen, als regneten sie, und schüttelte, bis keiner mehr oben war; und als es alle in einen Haufen zusammengelegt hatte, ging es wieder weiter. Endlich kam es zu einem kleinen Haus, daraus guckte eine alte Frau, weil sie aber so große Zähne hatte, ward ihm angst, und es wollte fortlaufen. Die alte Frau aber rief ihm nach: «Was fürchtest du dich, liebes Kind? Bleib bei mir, wenn du alle Arbeit im Hause ordentlich tun willst, so soll dir's gutgehn. Du mußt nur acht geben, daß du mein Bett gutmachst und es fleißig aufschüttelst, daß die Federn fliegen. Dann schneit es in der Welt*; ich bin die Frau Holle.» Weil die Alte ihm so gut zusprach, so faßte sich das Mädchen ein Herz, willigte ein und begab sich in ihren Dienst. Es besorgte auch alles nach ihrer Zufriedenheit und schüttelte ihr das Bett immer gewaltig auf, daß die Federn wie Schneeflokken umherflogen; dafür hatte es auch ein gut Leben bei ihr, kein böses Wort und alle Tage Gesottenes und Gebratenes. Nun war es eine Zeitlang bei der Frau Holle, da ward es traurig und wußte anfangs selbst nicht, was ihm fehlte, endlich merkte es, daß es Heimweh war; ob es ihm hier gleich viel tausendmal besser ging als zu Haus, so hatte es doch ein Verlangen dahin. Endlich sagte es zu ihr: «Ich habe den Jammer nach Haus' kriegt, und wenn es mir auch noch so gut hier unten geht, so kann ich doch nicht länger bleiben, ich muß wieder hinauf zu den Meinigen.» Die Frau Holle sagte: «Es gefällt mir, daß du wieder nach Haus' verlangst, und weil du mir so treu gedient hast, so will ich dich selbst wieder hinaufbringen.» Sie nahm es darauf bei der Hand und führte es vor ein großes Tor. Das Tor ward aufgetan, und wie das Mädchen gerade darunter stand, fiel ein gewaltiger Goldregen, und alles Gold blieb an ihm hängen, so daß es über und über davon bedeckt war. «Das sollst du haben, weil du so fleißig gewesen bist», sprach die Frau Holle und gab ihm auch die Spule wieder, die ihm in den Brunnen gefallen war. Darauf ward das Tor verschlossen, und das Mädchen befand sich oben auf der Welt, nicht weit von seiner Mutter Haus: und als es in den Hof kam, saß der Hahn auf dem Brunnen und rief:

«Kikeriki,
unsere goldene Jungfrau ist wieder hie.»

Da ging es hinein zu seiner Mutter, und weil es so gut mit Gold bedeckt ankam, ward es von ihr und der Schwester gut aufgenommen.

Das Mädchen erzählte alles, was ihm begegnet war, und als die Mutter hörte, wie es zu dem großen Reichtum gekommen war, wollte sie der andern häßlichen und faulen Tochter gerne dasselbe Glück verschaffen. Sie mußte sich an den Brunnen setzen und spinnen, und damit ihre Spule blutig ward, stach sie sich in die Finger und stieß sich die Hand in die Dornhecke. Dann warf sie die Spule in den Brunnen und sprang selber hinein. Sie kam wie die andere auf die schöne Wiese und ging auf demselben Pfade weiter. Als sie zu dem Backofen gelangte, schrie das Brot wieder: «Ach, zieh mich raus, zieh mich raus, sonst verbrenn' ich, ich bin schon längst ausgebacken.» Die Faule aber antwortete: «Da hätt' ich Lust, mich schmutzig zu machen», und ging fort. Bald kam sie zu dem Apfelbaum, der rief: «Ach, schüttel mich, schüttel mich, wir Äpfel sind alle miteinander reif.» Sie antwortete aber: «Du kommst mir recht, es könnte mir einer auf den Kopf fallen», und ging damit weiter. Als sie vor der Frau Holle Haus kam, fürchtete sie sich nicht, weil sie von ihren großen Zähnen schon gehört hatte, und verdingte sich gleich zu ihr. Am ersten Tag tat sie sich Gewalt an, war fleißig und folgte der Frau Holle, wenn sie ihr etwas sagte; denn sie dachte an das viele Gold, das sie ihr schenken würde; am zweiten Tag aber fing sie schon an zu faulenzen, am dritten noch mehr, da wollte sie morgens gar nicht aufstehen. Sie machte auch der Frau Holle das Bett nicht, wie sich's gebührte, und schüttelte es nicht, daß die Federn aufflogen. Das ward die Frau Holle bald müde und sagte ihr den Dienst auf. Die Faule war das wohl zufrieden und meinte, nun würde der Goldregen kommen; die Frau Holle führte sie auch zu dem Tor, als sie aber darunter stand, ward statt des Goldes ein großer Kessel voll Pech ausgeschüttet. «Das ist zur Belohnung deiner Dienste», sagte die Frau Holle und schloß das

Tor zu. Da kam die Faule heim, aber sie war ganz mit Pech bedeckt, und der Hahn auf dem Brunnen, als er sie sah, rief:

«Kikeriki,
unsere schmutzige Jungfrau ist wieder hie.»

Das Pech aber blieb fest an ihr hängen und wollte, solange sie lebte, nicht abgehen.

Frau Holle

Wenn uns das Märchen «Frau Holle» einfällt, denken wir zuerst an die Goldmarie und die Pechmarie, an ihr gegensätzliches Verhalten und die unterschiedliche Belohnung; von ihnen wird tatsächlich am meisten erzählt; von der alten Frau haben wir Einzelheiten schnell vergessen. Und doch macht der Titel diese Person zur Hauptfigur, und die beiden Mädchen sind Wesen, an denen sich eine Kraft, die von Frau Holle ausgeht, in jeweils verschiedener Weise darstellt und entfaltet.

Wer ist diese geheimnisvolle Frau? Halten wir uns an ihren Namen: Holle ist abgeleitet von «hold»[1]; zu diesem Adjektiv gibt es im Germanischen ein Abstraktum «huld» (wie bei voll – Fülle), und dieses Wort[2] trug damals zwei Bedeutungen: a) Dienstbarkeit, Ergebenheit, Treue des Lehensmannes seinem Herrn gegenüber; b) Geneigtheit, Wohlwollen des Herrn gegenüber den Untergebenen. Heute kennen wir nur noch diese zweite Bedeutung; sie aber wurde schon früh namentlich auf das religiöse Gebiet übertragen und dabei in Zusammenhang gebracht mit Gunst und Gnade. Frau Holle – von daher läßt sich auch die sparsame Beschreibung im Text erklären – ist ein geistiges, überirdisches Wesen.

Das bestätigen Sagen, die sich um diese Erscheinung gebildet haben:

«Von dieser Holle erzählt das Volk vielerlei, Gutes und Böses. Weiber, die zu ihr in den Brunnen steigen, macht sie gesund und fruchtbar; die neugeborenen Kinder stammen aus ihrem Brunnen, und sie trägt sie daraus hervor. Blumen, Obst, Kuchen, das sie unten im Teiche hat und was in ihrem unvergleichlichen Garten wächst, teilt sie denen aus, die ihr begegnen und zu gefallen wissen. Sie ist sehr ordentlich und hält auf guten Haushalt; wann es bei den Menschen schneit, klopft sie ihre Betten aus, davon die Flocken in der Luft fliegen. Faule Spinnerinnen straft sie, indem sie ihnen den Rocken besudelt, das Garn wirrt oder den Flachs anzündet; Jungfrauen hingegen, die fleißig abspinnen, schenkt sie Spindeln und spinnt selber für sie über Nacht, daß die Spulen des Morgens voll sind ... Gern zieht sie Kinder in ihren Teich, die guten macht sie zu Glückskindern, die bösen zu Wechselbälgen. Jährlich geht sie im Land um und verleiht den Äckern Fruchtbarkeit, aber auch erschreckt sie die Leute, wenn sie durch den Wald fährt, an der Spitze des wütenden Heeres.»[3]

Was man sofort erfaßt, ist die Tatsache, daß das Geschehen in zwei verschiedenen Welten spielt, oben und unten, im Diesseits und Jenseits, verbunden durch den Brunnen, später auch noch angezeigt durch das Tor.

Und ein zweites fällt beim ersten Lesen des Märchens auf: daß verschiedene Daseins- und Bewußtseinsebenen geschildert werden, ein hartes Leben oben, nach der Bewußtlosigkeit ein Erwachen «auf einer schönen Wiese, wo die Sonne schien, und viele tausend Blumen standen», danach wieder Rückkehr nach oben, bereichert oder bestraft.

Will man diese beiden Punkte, Dreh- und Angelpunkte dieses Märchens, zusammensehen, dann hilft zum wirklichen Verständnis nur die Lehre von der Wiedergeburt (Reinkarnation). Dieser Gedanke mag manchem unchristlich erscheinen. Doch sollten wir uns daran erinnern, daß diese Lehre erst im Jahre 553 n.Chr. auf dem 5.Allgemeinen Konzil zu Konstantinopel als Ketzerei verdammt wurde; gewisse Gelehrte, Correctores genannt, haben im Auftrage der Kirche schon seit dem Konzil von Nicäa 325 n.Chr. den biblischen Text auch in dieser Hinsicht abgeändert bzw. gekürzt, wie z.B. aus dem Bericht über die Heilung des Blindgeborenen (Joh.9) leicht zu erkennen ist.

Das Märchen, in seinem Wesenskern durchaus christlich, wie die fortlaufende Untersuchung zeigen kann, hat jedoch, ohne sich um Dogma und Konzil zu kümmern, solches Wissen offensichtlich weitergetragen.[4]

Um das genauer zu verstehen, gewisse Mißverständnisse aus dem Weg zu räumen, sei eine kurze Erläuterung gegeben: Die menschliche Seele ist das Unsterbliche, ist der Kern des Menschen, der Geburt und Tod in fortlaufendem Wechsel durchläuft und dadurch seiner Vervollkommnung Schritt für Schritt näherkommt wie ein Schüler, der mehrere Schulen und in jeder Schule wieder aufsteigende Klassen bewältigen muß, bis er sein Ziel erreicht. Der Tod ist dann nichts anderes als ein Kleiderwechsel am Abend, die erneute Geburt eine Fortsetzung der Tätigkeit am nächsten Morgen. Alle Anlagen und Erfahrungen aus der Vergangenheit wirken weiter nach dem Wort, daß der Mensch erntet, was er gesät hat.

Das Märchen spricht noch deutlicher, wenn es das Bild von der Spule benutzt, auf die der «Lebensfaden» gespult wird[5], an dem das Leben hängt, durch den es verknüpft ist mit der anderen Welt (das Märchen weckt bei

deren Schilderung paradiesische Vorstellungen), mit der Goldmarie wieder zurückgeschickt wird. Man lese noch einmal:
«Endlich sagte es zu ihr: ‹Ich habe den Jammer nach Hause kriegt, und wenn es mir auch noch so gut hier unten geht, so kann ich doch nicht länger bleiben, ich muß wieder hinauf zu den Meinigen›. Die Frau Holle sagte: ‹Es gefällt mir, daß du wieder nach Hause verlangst, und weil du mir so treu gedient hast, so will ich dich selbst wieder hinaufbringen.› Sie nahm es daraufhin bei der Hand und führte es vor ein großes Tor. Das Tor ward aufgetan, und wie das Mädchen gerade darunter stand, fiel ein gewaltiger Goldregen, und alles Gold blieb an ihm hängen, so daß es über und über davon bedeckt war. ‹Das sollst du haben, weil du so fleißig gewesen bist›, sprach die Frau Holle und gab ihm auch die Spule wieder, die ihm in den Brunnen gefallen war. Darauf ward das Tor verschlossen, und das Mädchen befand sich oben auf der Welt ...».
Es befindet sich wieder *oben auf der Welt*, war also in einem anderen Bereich, kehrt zurück und erhält dabei dieselbe Spule, die ihm damals in den Brunnen gefallen war, d.h. Frau Holle läßt genau wieder da anknüpfen, wo unterbrochen wurde: das Mädchen darf seinen Lebensfaden weiterspinnen. Und warum freut sich Frau Holle über Goldmaries Wunsch? Weil sie ihren Willen erkennt und damit auch ihre Kraft und Fähigkeit, sich nach einer «Ruhepause» wieder unmittelbar in den Dienst der oberen Welt zu stellen.
Betrachten wir aber jetzt noch genauer das Wesen und das Reich der Frau Holle: Sie lebt in einer anderen, nichtrealen Welt, wie bereits der Sagenkern berichtet[6]. Ihr haftet etwas Zeitloses an; sie ist, wie bereits vom Namen abgeleitet, ein geistiges, überirdisches Wesen. Sie beschenkt und bestraft, wie es sich jeder verdient. Dadurch wird sie zur Erscheinungsform des Gesetzes von Ursache und Wirkung. Ihre furchterregenden großen Zähne sind Zeichen der Härte und Kraft, die notfalls zermalmen können (vgl. Pechmaries Schicksal)[7]. Die Furcht davor ist aber unbegründet, wenn die geforderte Arbeit geleistet wird.
Das Märchen von Frau Holle[8] zeigt beide Seiten dieses karmischen Gesetzes, die positiven und die negativen Folgen:
Goldmarie wird beschenkt mit dem, was sie verdient hat. Der Weg dahin beginnt mit harter Arbeit bereits am Brunnen, wird gesteigert durch das spontane Handeln am Backofen und Apfelbaum; die Notwendigkeit ist da – die Aufgabe wird ohne Umschweife und Ausflüchte erfüllt. Diese Bilderreihe scheint nicht zufällig gewählt: Brot ist Grundbestandteil der menschlichen Ernährung («Unser täglich Brot gib uns heute»); es wird für den Backofen geformt, in ihm «ausgebacken», ausgereift, ihm rechtzeitig wieder entnommen; dies verweist auf ganz elementare Lebenserhaltung und -gestaltung. Brot wird aber zugleich, auf höherer Ebene, in Verbindung gebracht mit dem Mysterium der Eucharistie. Der Baum wiederum ist ein altes Symbol für Kraft, Wachs-

tum, Fruchtbarkeit, Schutz; doch er verlangt die Hilfe des Menschen.
Das Mädchen ist aufgrund seines seelischen Zustands – im ersten Satz schon wird es als schön und fleißig gekennzeichnet – in der Lage, sich in dieser Umgebung handelnd zu betätigen und zu bewähren, während die andere Tochter, häßlich und faul, solche Arbeit als unwürdig und belastend von sich weist, gar keinen Kontakt in dieser anderen Welt finden kann und will.
Noch einmal sei grundsätzlich betont, daß solche Bilder und Bilderreihen nicht immer voll ausgedeutet werden sollen und müssen; häufig genügt es, den Umkreis zu zeigen, in dem sich das Geschehen entfaltet. Es leuchtet auch ein, daß eine «Übersetzung» aufs erste ernüchtern, den poetischen Reiz und die schlichte Form angreifen kann; und doch muß immer wieder der Versuch gewagt werden, um anzudeuten, welche Kraft mitschwingt. Ohne diesen Schritt bliebe die Aneignung oberflächlich, vordergründig, letztlich unverstanden; dann müßte Interpretieren von Kunstwerken grundsätzlich abgelehnt werden.
Wir sprachen vom Weg zur Belohnung. Die eigentliche Bewährung des Mädchens vollzieht sich bei Frau Holle selbst. In einem sehr konzentrierten, mehrschichtigen Bild wird der Bereich, in dem sich Goldmarie aufhält, gezeichnet. Nur noch assoziativ ist zu fassen, was gemeint sein kann: Das Bett als Stätte des Ausruhens, der Stärkung, des Traums; durch Schlaf und Traum eine Verbindung zwischen oben und unten, zum Unterbewußten; die Federn als das Leichte, Schwebende, Schwerelose; der Schnee hier als das Reine, Ätherische, Strahlende; der Schneekristall als das streng geometrisch Geordnete, ja nach dem Goldenen Schnitt Gebildete. Schnee und Betten decken zu, wärmen, schützen. Alle diese Kräfte müssen, darauf legt Frau Holle besonderes Gewicht, in Bewegung bleiben, über die Erde ausgeschüttet werden. Indem Goldmarie diese Arbeit gewissenhaft und tatkräftig erledigt, hilft sie bei der Gestaltung der Erde, schafft sie sich selbst ein angenehmes Leben:
«Es besorgte auch alles nach ihrer Zufriedenheit und schüttelte ihr das Bett immer gewaltig auf, daß die Federn wie Schneeflokken umherflogen; dafür hatte es auch ein gut Leben bei ihr, kein böses Wort und alle Tage Gesottenes und Gebratenes».
Und als das Mädchen nach einer gewissen Zeit, von Sehnsucht getrieben, wieder zurück zur Erde will, da freut sich Frau Holle, die Herrscherin dieser anderen Welt, und führt es selbst bis zur Stelle des Übergangs.
Der Hahn, der Wächter, der den Beginn eines neuen Tages, hier des neuen Lebens, ankündigt – bemerkenswerterweise sitzt er am Brunnen, durch den hindurch der Wechsel vollzogen wird –, erkennt das Mädchen, obwohl es sich verändert hat, doch gleich an seinem im Prinzip unveränderlichen Seelenkern.
Die Stiefschwester bekommt dieselbe Chance. Frau Holle begegnet auch ihr zunächst neutral; aber die Pechmarie kommt

nicht weiter: Bequemlichkeit, Begierde, Berechnung verstellen den Weg; es ist kein innerer Drang da, keine Überzeugung, keine Verantwortung; sie möchte bei geringstem Aufwand höchsten Gewinn. Zwar hat sie auch von den großen Zähnen gehört, fürchtet sich aber nicht davor, weil sie nichts davon begriffen hat. Das Leben ihrer Schwester hat und erhält zunehmend Substanz; diesem erfüllten Sein gegenüber steht Pechmaries Dasein als bloßer Schein. Deshalb wird diese Tochter auch nicht mit Gold (Glück) überschüttet, sondern mit Pech (Unglück)[9], das, bei solcher Haltung, vorerst nicht von ihr abgeht. Der letzte Satz des Märchens scheint hart, ist aber konsequent im Zusammenhang mit der Lehre von Karma und Wiedergeburt und gleichermaßen mit dem Wort «Denn was der Mensch sät, das wird er ernten» (Galater, 6,7): «Das Pech aber blieb fest an ihr hängen und wollte, solange sie lebte, nicht abgehen».

Bechsteins Märchen von der Goldmarie und Pechmarie

Will man Weite und Tiefe, auch Bildhaftigkeit und Schlichtheit eines Volksmärchens, etwa der «Frau Holle», ganz erspüren, braucht man es nur zu vergleichen mit dieser jüngeren Fassung:

Es war einmal eine Witwe, die hatte zwei Töchter, eine rechte Tochter und eine Stieftocher; beide hießen Marie. Die rechte Tochter war als Kind von ihrer Mutter sehr verzogen worden. Auch war sie von Charakter nicht gut und fromm. Sie war eigensinnig und hoffärtig, anmaßend und gefühllos. Sie hatte für nichts Sinn, als sich immer mit schönem Putz zu bekleiden, in den Spiegel zu sehen und Vergnügungsorte zu besuchen, worin sie ihre schwache Mutter noch bestärkte. Dagegen war die Stieftochter, die älteste, ein bescheidenes, sittsames Mädchen, das viele Kränkungen und Zurücksetzungen von Mutter und Schwester erdulden mußte. Doch sie war stets freundlich, tat die Küchenarbeiten unverdrossen und weinte nur manchmal heimlich in ihrem Schlafkämmerlein, wenn sie von Mutter und Schwester so viel Unbilliges zu leiden hatte. Aber immer war sie bald wieder heiter und frischen Mutes und sprach zu sich selbst: «Sei ruhig, der liebe Gott wird dir schon helfen.» Dann tat sie fleißig ihre Arbeit und machte alles nett und sauber. Ihrer Mutter arbeitete sie aber immer noch nicht genug, und eines Tages sagte sie sogar: «Marie, ich kann dich nicht länger im Hause behalten, du arbeitest zu wenig und ißt zuviel. Deine Mutter hat dir kein Vermögen hinterlassen, auch dein Vater nicht, und ich kann und mag dich nicht länger ernähren. Du mußt also gehen und dir einen Dienst bei einer Herrschaft suchen.» Sie backte aus Asche und Milch einen Kuchen, füllte ein Krüglein mit Wasser, gab beides der armen Marie und schickte sie aus dem Hause.
Marie war sehr betrübt über diese Härte, doch schritt sie mutig durch Felder und Wiesen und dachte: «Es wird dich schon jemand als Magd aufnehmen, und vielleicht sind fremde Menschen gütiger als die eigene Mutter.» Als sie Hunger fühlte, setzte sie sich ins Gras, aß von ihrem Aschenkuchen und trank aus ihrem Krüglein, und viele Vöglein flatterten herbei, pickten an ihrem Kuchen, und sie goß Wasser in ihre Hand und ließ die munteren Vöglein trinken. Da verwandelte sich unvermerkt ihr Aschenkuchen in eine süße Torte, ihr Wasser in köstlichen Wein. Gestärkt und freudig zog die arme Marie weiter und kam, als es dunkel wurde, an ein seltsam gebautes Haus. Das hatte zwei Tore, eins sah pechschwarz aus, das andere glänzte von purem Gold. Bescheiden ging Marie durch das minder schöne Tor in den Hof und klopfte an die Haustüre. Ein Mann von schrecklich wildem Aussehen tat die

Türe auf und fragte barsch nach ihrem Begehren. Sie sprach zitternd: «Ich wollte nur fragen, ob Ihr nicht so gütig sein möchtet, mich über Nacht zu beherbergen?» Der Mann brummte: «Komm herein!» Sie folgte ihm und zitterte noch mehr, als sie drinnen im Zimmer nichts weiter sah und hörte als Hunde und Katzen und deren abscheuliches Geheul. Es war außer dem wilden Türschemann, so hieß dieser Mensch, niemand weiter in dem ganzen Hause.
Nun brummte der Türschemann der Marie zu: «Bei wem willst du schlafen, bei mir oder bei den Hunden und Katzen?» Marie sprach: «Bei den Hunden und Katzen.» Da mußte sie aber gerade neben ihm schlafen, und er gab ihr ein so schönes weiches Bett, daß Marie ganz herrlich und ruhig schlief. Am Morgen brummte Türschemann: «Mit wem willst du frühstükken, mit mir oder mit den Hunden und Katzen?» Sie sprach: «Mit den Hunden und Katzen.» Da mußte sie sich zu ihm setzen und Kaffee und süßen Rahm trinken. Als Marie fortgehen wollte, brummte Türschemann abermals: «Zu welchem Tor willst du hinaus, zum Goldtor oder zum Pechtor?» Und sie sprach: «Zum Pechtor.» Da mußte sie durchs goldene gehen. Und als sie durchging, saß Türschemann oben darauf und schüttelte so derb, daß das Tor erzitterte und daß Marie ganz mit Gold überdeckt war, das von dem Goldtore auf sie herabfiel.

Nun ging sie wieder heim, und als sie ins elterliche Haus trat, kamen ihre Hühner, die sie sonst immer gefüttert hatte, ihr freudig entgegengeflogen und -gelaufen, und der Hahn schrie: «Kikiriki, da kommt die Goldmarie! Kikiriki!» Ihre Mutter kam die Treppe herunter und knickste so ehrfurchtsvoll vor der goldenen Dame, als wenn sie eine Prinzessin wäre, die ihr die Ehre ihres Besuches schenkte. Aber Marie sprach: «Liebe Mutter, kennst du mich denn nicht mehr? Ich bin ja die Marie.»

Jetzt kam auch die Schwester. Und Mutter und Schwester waren ganz erstaunt und verwundert, aber auch beide voll Neid. Und Marie mußte erzählen, wie wunderbar es ihr ergangen und wie sie zu dem Gelde gekommen war.

Nun nahm sie ihre Mutter wohl auf und behandelte sie auch besser als zuvor. Und Marie wurde von jedermann geehrt und geliebt. Bald fand sich auch ein braver junger Mann, der Marie als Gattin heimführte und glücklich mit ihr lebte.

Der anderen Marie aber wuchs der Neid im Herzen, und sie beschloß, auch fortzugehen und übergoldet wiederzukommen. Ihre Mutter gab ihr süßen Kuchen und Wein mit auf die Reise. Als Marie davon aß und Vöglein geflogen kamen, um auch mitzuschmausen, jagte sie sie ärgerlich fort. Ihr Kuchen aber verwandelte sich unvermerkt in Asche, und ihr Wein in mattes Wasser. Am Abend kam Marie ebenfalls an Türschemanns Tore. Sie ging stolz zu dem goldenen hinein und klopfte dann an die Haustür. Als Türschemann öffnete und brummig nach ihrem Begehren fragte, sagte sie schnippisch: «Nun, ich will hier übernachten.» Und er brummte: «Komm herein!» Dann fragte er auch sie: «Bei wem willst du schlafen, bei mir ober bei den Hunden und Katzen?» Sie sagte schnell: «Bei Euch, Herr Türschemann!» Aber er führte sie in die Stube, wo die Hunde und Katzen schliefen, und schloß sie hinein. Am Morgen war Mariens Gesicht häßlich zerkratzt und zerbissen. Türschemann brummte wieder: «Mit wem willst du Kaffee trinken, mit mir oder mit den Hunden und Katzen?» «Ei, mit Euch», sagte sie, und mußte nun gerade wieder mit den Katzen und Hunden trinken. Nun wollte sie fort. Türschemann brummte abermals: «Zu welchem Tor willst du hinaus, zum Goldtor oder zum Pechtor?» Sie sagte: «Zum Goldtor, das versteht sich!» Aber das wurde sogleich verschlossen, und sie mußte zum Pechtor hinaus. Und Türschemann saß obendrauf, rüttelte und schüttelte, daß das Tor wackelte. Da fiel so viel Pech auf Marie herunter, daß sie über und über voll wurde.

Als nun Marie voll Wut nach Hause kam, krähte der Gockelhahn ihr entgegen: «Kikiriki, da kommt die Pechmarie! Kikiriki!» Und ihre Mutter wandte sich voll Abscheu von ihr und konnte nun ihre häßliche Tochter nicht mehr vor den Leuten sehen lassen. Die wurde so hart gestraft, weil sie so auf Gold erpicht gewesen war.

Goldmarie und Pechmarie

Bechsteins Märchen erzählt ebenfalls von zwei verschiedenen Mädchen, die, weil sie gegensätzlich handeln, bei einem finsteren Mann in der Fremde sehr unterschiedlich belohnt werden. Aber schon der Titel beschneidet, legt auf *eine* Ebene fest. Da ist kein Brunnen, sind keine Schneeflocken, erscheint statt der huldvollen Frau ein wilder Türschemann, dessen Name zwar seltsam, aber belanglos klingt. Sein barsches Wesen wird ausführlich in dunklen Tönen geschildert. Keine Freude, nur drückende Atmosphäre. Kunst aber zeigt das Doppelschichtige in zentralen Gestalten und Handlungen, das Ineinander von Sinnlichem und Bedeutendem. Die Figur der Frau Holle erfüllt solche Anforderung in hohem Maße. Bei Bechstein bleibt fast alles recht vordergründig-räsonierend. Bei Grimm genügen zur Charakterisierung der beiden Mädchen jeweils zwei Adjektive: schön und fleißig, häßlich und faul. Bei Bechstein erklärende Breite: «Die rechte Tochter war als Kind von ihrer Mutter sehr verzogen worden. Auch war sie von Charakter nicht gut und fromm. Sie war eigensinnig und hoffärtig, anmaßend und gefühllos. Sie hatte für nichts Sinn, als sich immer mit schönem Putz zu bekleiden, in den Spiegel zu sehen und Vergnügungsorte zu besuchen, worin sie ihre schwache Mutter noch bestärkte...»

Nett und künstlich, fast peinlich gibt sich die Sprache z.B., als Goldmarie heimkehrt: «Nun ging sie wieder heim, und als sie ins elterliche Haus trat, kamen ihre Hühner, die sie sonst immer gefüttert hatte, ihr freudig entgegengeflogen und -gelaufen, und der Hahn schrie: ‹Kikiriki, da kommt die Goldmarie! Kikiriki!› Ihre Mutter kam die Treppe herunter und knickste so ehrfurchtsvoll vor der goldenen Dame, als wenn sie eine Prinzessin wäre, die ihr die Ehre ihres Besuches schenkte.»

Aber auch die anderen Details bleiben im Äußerlichen, Bloß-Sinnlichen stecken. Als Marie die Vögel aus ihrer Hand fressen ließ, da «verwandelte sich unvermerkt ihr Aschenkuchen in eine süße Torte, ihr Wasser in köstlichen Wein». Will man den Hinweis auf Wein tiefer fassen, wird das Bild von der süßen Torte zur Farce. Es fehlt vor allem, Kern des Volksmärchens, die harte Arbeit, der ganz persönliche Einsatz, durch den der Gang durchs Tor erst seine wesentliche Bedeutung erhält.

Dagegen wirkt durchaus überzeugend, daß Marie in Bescheidenheit und durch den absichtslosen Dienst dreimal das verborgene Richtige wählt, Schein und Sein intuitiv trennt. Was aber darauf folgt, kann wiederum nicht gefallen:

«Als Marie fortgehen wollte, brummte Türschemann abermals: ‹Zu welchem Tor willst du hinaus, zum Goldtor oder zum Pechtor?› Und sie sprach: ‹Zum Pechtor.› Da mußte sie durchs goldene gehen. Und als sie durchging, saß Türschemann oben darauf und schüttelte so derb, daß das Tor erzitterte und

daß Marie ganz mit Gold überdeckt war, das von dem Goldtore auf sie herabfiel.»
Das Verb «mußte» wird zwar konsequent dem Vorhergehenden angepaßt, überzeugt aber nicht gleichzeitig im Moment der Erfüllung, weil «müssen» einen Zwang ausdrückt und Belohnung nicht als solcher empfunden werden kann. Und schon gar nicht mehr will gefallen, daß Türschemann auch jetzt noch den Wilden spielt und ein kleines Erdbeben verursacht.
Wir erleben dann Pechmaries Versuch und Scheitern, so wie wir das aus Grimms Märchen kennen; aber wie moralisch gibt sich hier der Schluß «Die wurde so hart gestraft, weil sie so auf Gold erpicht gewesen war» im Gegensatz zu «Frau Holle», wo die Tatsache kommentarlos hingestellt wird: Die Chance ist vertan, da hilft kein Wenn und Aber.
Bechsteins Mächen fehlt die schlichte Schau, der geistige Grund, es bleibt psychologisierend, moralisierend. Grimms Fassung konzentriert sich auf wenige Bilder, die freilich durch den ganzen Kosmos führen und sich dennoch einfältig, naiv geben.
Das ist es wohl, was Lüthi veranlaßt hat, solche Märchen als Endform epischer Gestaltung anzusehen.

Rotkäppchen

Es war einmal eine kleine süße Dirne, die hatte jedermann lieb, der sie nur ansah, am allerliebsten aber ihre Großmutter, die wußte gar nicht, was sie alles dem Kinde geben sollte. Einmal schenkte sie ihm ein Käppchen von rotem Sammet, und weil ihm das so wohl stand und es nichts anderes mehr tragen wollte, hieß es nur das Rotkäppchen. Eines Tages sprach seine Mutter zu ihm: «Komm, Rotkäppchen, da hast du ein Stück Kuchen und eine Flasche Wein, bring das der Großmutter hinaus; sie ist krank und schwach und wird sich daran laben. Mach dich auf, bevor es heiß wird, und wenn du hinauskommst, so geh hübsch sittsam und lauf nicht vom Weg ab, sonst fällst du und zerbrichst das Glas, und die Großmutter hat nichts. Und wenn du in ihre Stube kommst, so vergiß nicht, guten Morgen zu sagen, und guck nicht erst in allen Ecken herum.»

«Ich will schon alles gut machen», sagte Rotkäppchen zur Mutter und gab ihr die Hand darauf. Die Großmutter aber wohnte draußen im Wald, eine halbe Stunde vom Dorf. Wie nun Rotkäppchen in den Wald kam, begegnete ihm der Wolf. Rotkäppchen aber wußte nicht, was das für ein böses Tier war, und fürchtete sich nicht vor ihm. «Guten Tag, Rotkäppchen», sprach er. «Schönen Dank, Wolf.» – «Wo hinaus so früh, Rotkäppchen?» – «Zur Großmutter.» – «Was trägst du unter der Schürze?» – «Kuchen und Wein: Gestern haben wir gebakken; da soll sich die kranke und schwache Großmutter etwas zugut tun und sich damit stärken.» – «Rotkäppchen, wo wohnt deine Großmutter?» – «Noch eine gute Viertelstunde weiter im Wald, unter den drei großen Eichbäumen, da steht ihr Haus, unten sind die Nußhekken, das wirst du ja wissen», sagte Rotkäppchen. Der Wolf dachte bei sich: «Das junge, zarte Ding, das ist ein fetter Bissen, der wird noch besser schmecken als die Alte: Du mußt es listig anfangen, damit du beide erschnappst.» Da ging er ein Weilchen neben Rotkäppchen her; dann sprach er: «Rotkäppchen, sieh einmal die schönen Blumen, die rings umherstehen; warum, guckst du dich nicht um? Ich glaube, du hörst gar nicht, wie die Vöglein so lieblich singen? Du gehst ja für dich hin, als wenn du zur Schule gingst, und ist so lustig haußen in dem Wald.»

Rotkäppchen schlug die Augen auf, und als es sah, wie die Sonnenstrahlen durch die Bäume hin und her tanzten, und alles voll schöner Blumen stand, dachte es: «Wenn ich der Großmutter einen frischen Strauß mitbringe, der wird ihr auch Freude machen; es ist so früh am Tag, daß ich doch zu rechter Zeit ankomme», lief vom Wege ab in den Wald hinein und suchte Blumen. Und wenn es eine gebrochen hatte, meinte es, weiter hinaus stände eine schönere, und lief darnach und geriet immer tiefer in den Wald hinein. Der Wolf aber ging geradeswegs nach dem Haus der Großmutter und klopfte an die Türe. «Wer ist draußen?» – «Rotkäppchen, das bringt Kuchen und Wein, mach auf.» – «Drück nur auf die Klinke», rief die Großmutter, «ich bin zu schwach und kann nicht aufstehen.» Der Wolf drückte auf die Klinke, die Türe sprang auf, und er ging, ohne ein Wort zu sprechen, gerade zum Bett der Großmutter und verschluckte sie. Dann tat er ihre Kleider an, setzte ihre Haube auf, legte sich in ihr Bett und zog die Vorhänge vor.

Rotkäppchen aber war nach den Blumen herumgelaufen, und als es so viel zusammen hatte, daß es keine mehr tragen konnte, fiel ihm die Großmutter wieder ein, und es machte sich auf den Weg zu ihr. Es wunderte sich, daß die Türe aufstand, und wie es in die Stube trat, so kam es ihm so seltsam darin vor, daß es dachte: «Ei, du mein Gott, wie ängstlich wird mir's heute zu Mut, und bin sonst so gerne bei der Großmutter!» – Es rief: «Guten Morgen», bekam aber keine Antwort. Darauf ging es zum Bett und zog die Vorhänge zurück: Da lag die Großmutter und hatte die Haube tief ins Gesicht gesetzt und sah so wunderlich aus. «Ei, Großmutter, was hast du für große Ohren!» – «Daß ich dich besser hören kann.» – «Ei, Großmutter, was hast du für große Augen!» – «Daß ich dich besser sehen kann.» – «Ei, Großmutter, was hast du für große Hände!» – «Daß ich dich besser packen kann.» – «Aber, Großmutter, was hast du für ein entsetzlich großes Maul!» – «Daß ich dich besser fressen kann.» – Kaum hatte der Wolf das gesagt, so tat er einen Satz aus dem Bette und verschlang das arme Rotkäppchen.

Wie der Wolf sein Gelüsten gestillt hatte, legte er sich wieder ins Bett, schlief ein und fing an überlaut zu schnarchen. Der Jäger ging eben an dem Haus vorbei und dachte: «Wie die alte Frau schnarcht, du mußt doch sehen, ob ihr etwas fehlt.» Da trat er in die Stube, und wie er vor das Bette kam, so sah er, daß der Wolf darin lag. «Finde ich dich hier, du alter Sünder», sagte er, «ich habe dich lange gesucht.» Nun wollte er seine Büchse anlegen, da fiel ihm ein, der Wolf könnte die Großmutter gefressen haben, und sie wäre noch zu retten: schoß nicht, sondern nahm eine Schere und fing an, dem schlafenden Wolf den Bauch aufzuschneiden. Wie er ein paar Schnitte getan hatte, da sah er das rote Käppchen leuchten, und noch ein paar Schnitte, da sprang das Mädel heraus und rief: «Ach, wie war ich erschrocken, wie war's so dunkel in dem Wolf seinem Leib!» Und dann kam die alte Großmutter auch noch lebendig heraus und konnte kaum atmen. Rotkäppchen aber holte geschwind große Steine, damit füllten sie dem Wolf den Leib, und wie er aufwachte, wollte er fortspringen, aber die Steine waren so schwer, daß er gleich niedersank und sich totfiel.

Da waren alle drei vergnügt; der Jäger zog dem Wolf den Pelz ab und ging damit heim, die Großmutter aß den Kuchen und trank den Wein, den Rotkäppchen gebracht hatte, und erholte sich wieder, Rotkäppchen aber dachte: «Du willst dein Lebtag nicht wieder allein vom Wege ab in den Wald laufen, wenn dir's die Mutter verboten hat.»

Da wir in diesem Märchen erneut einer Handlung begegnen, die uns in kosmische Zusammenhänge führt, sei eine grundsätzliche Überlegung vorangestellt, um den Weg zu öffnen: Angeblich brauche man dieser Erzählform keinen allgemeineren Sinn zu unterlegen; es handle sich um Kindermärchen, die den Heranwachsenden dienen, etwa in «Rotkäppchen» erste seelische Erfahrungen mit dem Bösen zu machen. Man genieße dichterische Märchenpoesie und -phantasie und suche nicht nach Rätseln aus

uralten Zeiten. Eine Deutung ziehe das Anschauliche, Gestalthafte ins Unpersönliche, Abstrakte.[1]
Grimms Märchen sind nicht unbedingt Kindermärchen; daß die Brüder Grimm sie als solche bezeichnen, mag daran liegen, daß diese Erzählungen in Kinder- und Spinnstuben überliefert wurden, daß zu ihrer Zeit die Erwachsenen schon keinen Kontakt mehr zur anderen Welt hatten und diese scheinbar schlichten Gebilde tatsächlich nur noch den Kindern zur Unterhaltung bzw. vordergründigen Belehrung erzählt, nicht mehr aber als künstlerische Darstellung verdeckter Mythen verstanden wurden. J. Grimm selber schreibt am 28.1.1813 an Arnim: «Sind denn diese Kindermärchen für Kinder erdacht und erfunden? Ich glaube das so wenig, als ich die allgemeine Frage nicht bejahen werde: ob man überhaupt für Kinder etwas eigenes einrichten müsse!»
Natürlich bieten diese Märchen in jedem Falle ein Feld erster Lebenserfahrung; aber sie geben zugleich mehr: Einblick in Schicksale, Wahrheiten, kosmische Gesetze. Märchen sind selbstverständlich poetisch, aber zugleich auch be-deutsam: Sie sind Spiel und Sinn. Und schließlich: wie anders als im Bild, im Symbol soll der Erzähler seine Kenntnisse und Erfahrungen mitteilen?[2] Er bringt seine Gedanken in Gestalten; die Deutung versucht, umgekehrt, aus den Gestalten und Vorgängen die zugrunde liegenden Vorstellungen und Ideen zu erschließen. Natürlich ist es schwierig, heute, nach Jahrhunderten, in denen Märchen gewachsen sind, den Sinn zu entziffern; doch es ist unbefriedigend, dies nicht zu tun oder gar so zu tun, als gäbe es keine Fragen, als wäre alles nur Spiel. Die zwingende Konsequenz, mit der alle «klassischen» Märchen gebaut sind, verbietet solche Haltung.
Wir haben schon im Vorwort angedeutet, daß sich Märchen auf verschiedenen Ebenen verstehen lassen: Zunächst naiv (Zusammenstoß des Guten mit dem Bösen), sodann psychologisch (Einblick in persönliche Entwicklungen und Probleme) und schließlich esoterisch (Hinweis auf verborgenes Wissen). «Rotkäppchen» schildert, wollen wir gleich auf die dritte Stufe springen, den Kampf zwischen dem Licht und dem Dunkel. Was erlaubt solchen Schluß? Schon allein die geistige Tradition, in die dieses Märchen eingebettet ist. Wir denken dabei zuerst an den Mythos vom Fenriswolf: Während des Fimbulwinters gedeiht nur der Fenriswolf; die Wölfe Sköll und Hati fressen Sonne und Mond; Fenrir befreit sich aus den Fesseln; Götter und Helden sammeln sich zum letzten Kampf, doch der Wolf verschlingt Odin; das ist das Ende. Aber die Götterdämmerung bedeutet nicht das Ende der Welt, denn der Allvater lebt und wirkt. Jahrtausende vergehen; da taucht eine neue Sonne aus den Fluten empor. Und kein Wolf bedroht mehr die Schöpfung, denn Widar, Odins Sohn, hat mit einem Tritt seines eisernen Schuhs Fenrir getötet.[3] Das Neue Testament führt uns im Grunde den gleichen Kampf vor, wenn Michael den höllischen Drachen besiegt (Offenbarung 12,7–11);

und nichts anderes meint doch wohl das altägyptische Zeugnis: Horus tötet den Drachen Typhon.
Im Märchen freilich wird diese Polarität erst richtig sichtbar, wenn wir die Rolle der Großmutter verstärken, was durch die Frage möglich wird, weshalb der Wolf Rotkäppchen nicht auf der Stelle frißt, da er erfahren hat, wo die Großmutter wohnt; weshalb er zur List greifen muß, um beide zu schnappen, wo doch gar keine List nötig scheint. Daraus ergibt sich eindeutig: Diese Frau hat eine besondere Bedeutung, die Rotkäppchens Wirksamkeit übersteigt.
Großmutter, d. i., wenn wir erneut vom Wortbestand ausgehen, die große Mutter, stellvertretend jene Region, die unmittelbar Kontakt hat mit höheren Mächten, hinführend zur tieferen Herkunft, den Urquellen, wie sie Goethe in Faust II darstellt.[4] Die «Mutter» suchen heißt danach Urbilder suchen, die Verbindung wiederherstellen zur eigentlichen Heimat. Unmittelbares Zeichen solchen Zusammenhangs ist in unserem Märchen «ein Käppchen von rotem Sammet», das die Großmutter dem Rotkäppchen schenkt; es ist ein leuchtender Kopfschmuck, von dem es heißt, daß er Rotkäppchen so wohl stand, daß es nichts anderes mehr tragen wollte, d. h., daß es ganz in diesem Geiste lebte und dachte. Daraus ergibt sich: Der Wolf kann Rotkäppchen nichts anhaben, solange die Großmutter noch lebt. Ist es bloßer Zufall, daß sie «unter den drei großen Eichbäumen» wohnt, von denen man weiß, daß sie Jahrtausende überdauern können, und daß in der Nähe ihres Hauses Nußhecken stehen, bei deren Frucht sich sofort die Vorstellung bildet vom Konzentrat in harter Schale, die man erst knacken muß, wenn man zum Kern vordringen will?
Solange also diese Großmutter in dieser Umgebung lebt, solange Rotkäppchens Rückverbindung zu dieser Macht, zu den Urquellen, besteht, kann das Dunkle nicht über das Lichte siegen. Deswegen der Umweg über List und Verführung. Noch klarer vielleicht wird die Untersuchung, wenn wir die drei Handlungsträger im Zusammenspiel betrachten: Großmutter, Mutter, Kind – Wolf – Jäger.
Großmutter, Mutter und Kind stellen drei Generationen dar, spiegeln als solche drei Zeiten, Vergangenheit, Gegenwart und Zukunft. Sie sind verwandt, stärken sich gegenseitig, sind aufeinander angewiesen. Die Großmutter deutet hin auf das, was bereits gewachsen, gereift ist, auf Tradition, geistige Überlieferung. Die Mutter sorgt als Mittlerin zwischen Jung und Alt. Sie tritt nur kurz in Erscheinung, verweist zurück und schickt Rotkäppchen auf den Weg, setzt Geschehen in Gang, wodurch Vergangenes und Zukünftiges ineinandergreifen und Fortschritt erzielt werden kann.
Rotkäppchen, zwar reich beschenkt und ausgezeichnet durch die Großmutter, begegnet dem Bösen ahnungslos, unerfahren, läßt sich vom geraden Weg ablenken, vom sinnlichen Reiz (Blumen) verführen, allerdings in liebevoller Absicht, schließlich täuschen. Rot-

käppchen besitzt kein gereiftes Wissen, muß durch den Wald, durch die Dunkelheit (Bauch des Wolfes), muß für seine Vertrauensseligkeit büßen, muß fremder Erfahrung eigene hinzufügen.
Spätestens an diesem Punkt stellt sich bei solcher Überlegung eine Frage, die alles Gesagte aufzuheben droht: Wenn die Großmutter diese Kraft darstellt, wieso ist sie krank und schwach? Wir erfahren davon gleich dreimal: Das sagt die Mutter, als sie Rotkäppchen wegschickt; das erzählt Rotkäppchen dem Wolf; das ruft die Großmutter dem Wolf zu, da er, als Rotkäppchen getarnt, vor der Tür steht. Die Lösung gibt der Text selbst: «Die Großmutter aber wohnte draußen im Wald, eine halbe Stunde vom Dorf»; mit anderen Worten, sie wohnt außerhalb menschlicher Gemeinschaft, einsam; es findet nur spärlicher Verkehr statt (daß er überhaupt noch stattfindet, ermöglicht schließlich doch die Rettung). Im übertragenen Sinne: Die Bedeutung des Vergangenen, des Tradierten, die Frage nach den Ursprüngen existiert nur noch schwach, wird von wenigen noch erkannt und anerkannt. Wenn diese Kraft nicht mitlebt, wird es leicht, sie und alles danach zu überlisten und zu zerstören.
Offenbar aber ist solcher Weg nötig, da letztlich nur durch eigenes Wissen vom Bösen volle Erkenntnis und Lebenskraft erlangt werden können, eines Bösen, durch dessen List und Gewalt Wahrheit verfälscht werden kann. Erst mit diesem Bewußtsein ist es möglich, das getarnte Böse, das sich an die Stelle des geschwächten Wissens setzt, zu durchschauen und damit abzuwehren.
Solche Erkenntniskraft entwickelt das Märchen in der Gestalt des Jägers, eines Ordnungshüters im Wald, der die Veränderung im Hause der Großmutter sofort spürt, was wiederum auf genaue Kenntnis dieser Welt schließen läßt; der den Wolf schon lange gesucht hat und ihm überlegen begegnet, nicht etwa drauflosschießt, sondern einem besseren «Einfall» folgt und damit nicht allein das Böse tilgt, sondern auch scheinbar Verlorenes rettet und ins Licht zurückführt:
«Wie er ein paar Schnitte getan hatte, da sah er das rote Käppchen leuchten . . . » Indem er die Großmutter befreit, gibt er auch Rotkäppchen wieder Leben, stellt er die alte Ordnung wieder her, ohne die eine Weiterentwicklung nicht möglich ist. Noch mehr: Der Jäger, aufmerksam und behutsam, bewirkt, daß das Böse nur eine Zwischenherrschaft antreten kann, daß nach dem «Tod» wieder das Leben folgt:
«Da waren alle drei vergnügt; der Jäger zog dem Wolf den Pelz ab und ging damit heim, die Großmutter aß den Kuchen und trank den Wein, den Rotkäppchen gebracht hatte, und erholte sich wieder, Rotkäppchen aber dachte: ‹Du willst dein Lebtag nicht wieder allein vom Wege ab in den Wald laufen, wenn dir's die Mutter verboten hat.›»
Zweifellos klingt auch hier wieder, wie schon in der Besprechung des «Froschkönigs» ausführlicher dargelegt wurde, die Bedeutung des Mahls an. Indem alle drei sich versammeln um Kuchen und Wein, sam-

meln und stärken sie sich für kommende Ereignisse.

In einem Nachtrag zu diesem Märchen wird dargelegt, welche Reifung inzwischen wirklich eingesetzt hat, mit welcher Geradlinigkeit, Entschlossenheit, Einsicht und Klugheit dem Bösen jetzt begegnet wird, so daß der Jäger nicht mehr helfend einzugreifen braucht:

«Es wird auch erzählt, daß einmal, als Rotkäppchen der alten Großmutter *wieder* Gebackenes brachte, ein *anderer* Wolf ihm zugesprochen und es vom Wege habe ableiten wollen. Rotkäppchen aber *hütete sich* und ging *gerade* fort seines Wegs und sagte der Großmutter, daß es dem Wolf begegnet wäre, der ihm guten Tag gewünscht, aber so *bös* aus den Augen geguckt hätte: «Wenn's nicht *auf offner Straße* gewesen wäre, er hätte mich gefressen». – «Komm», sagte die Großmutter, «wir wollen die *Türe verschließen,* daß er nicht herein kann.» Bald darnach klopfte der Wolf an und rief: «Mach auf, Großmutter, ich bin das Rotkäppchen, ich bring' dir Gebackenes.» Sie schwiegen aber still und machten die Türe nicht auf: Da schlich der Graukopf etlichemal um das Haus, sprang endlich aufs Dach und wollte warten, bis Rotkäppchen abends nach Haus ginge; dann wollte er ihm nachschleichen und wollt's in der Dunkelheit fressen. Aber die *Großmutter merkte, was er im Sinn hatte.* Nun stand vor dem Haus ein großer Steintrog, da sprach sie zu dem Kind: «Nimm den Eimer, Rotkäppchen, gestern hab' ich Würste gekocht, da trag das Wasser, worin sie gekocht sind, in den Trog.» Rotkäppchen trug so lange, bis der große, große Trog ganz voll war. Da stieg der Geruch von den Würsten dem Wolf in die Nase, schnupperte und guckte hinab, endlich machte er den Hals so lang, daß er sich *nicht mehr halten konnte* und anfing *zu rutschen:* So rutschte er vom Dach herab, gerade in den großen Trog hinein, und *ertrank.* Rotkäppchen aber ging fröhlich nach Haus, und tat ihm niemand etwas zuleid.» (Hervorhebungen durch Verf.)

Hans im Glück

Hans hatte sieben Jahre bei seinem Herrn gedient, da sprach er zu ihm: «Herr, meine Zeit ist herum, nun wollte ich gerne wieder heim zu meiner Mutter, gebt mir meinen Lohn.» Der Herr antwortete: «Du hast mir treu und ehrlich gedient, wie der Dienst war, so soll der Lohn sein», und gab ihm ein Stück Gold, das so groß als Hansens Kopf war. Hans zog sein Tüchlein aus der Tasche, wickelte den Klumpen hinein, setzte ihn auf die Schulter und machte sich auf den Weg nach Haus. Wie er so dahinging und immer ein Bein vor das andere setzte, kam ihm ein Reiter in die Augen, der frisch und fröhlich auf einem muntern Pferd vorbeitrabte. «Ach», sprach Hans ganz laut, «was ist das Reiten ein schönes Ding! Da sitzt einer wie auf einem Stuhl, stößt sich an keinem Stein, spart die Schuh und kommt fort, er weiß nicht wie.» Der Reiter, der das gehört hatte, hielt an und rief: «Ei, Hans, warum laufst du auch zu Fuß?» «Ich muß ja wohl», antwortete er, «da habe ich einen Klumpen heimzutragen: Es ist zwar Gold, aber ich kann den Kopf dabei nicht geradhalten, auch drückt mir's auf die Schulter.» «Weißt du was», sagte der Reiter, «wir wollen tauschen: Ich gebe dir mein Pferd, und du gibst mir deinen Klumpen.» «Von Herzen gern», sprach Hans, «aber ich sage Euch, Ihr müßt Euch damit schleppen.» Der Reiter stieg ab, nahm das Gold und half dem Hans hinauf, gab ihm die Zügel fest in die Hände und sprach: «Wenn's nun recht geschwind soll gehen, so mußt du mit der Zunge schnalzen und hopp hopp rufen.»

Hans war seelenfroh, als er auf dem Pferde saß und so frank und frei dahinritt. Über ein Weilchen fiel's ihm ein, es sollte noch schneller gehen, und fing an, mit der Zunge zu schnalzen und hopp hopp zu rufen. Das Pferd setzte sich in starken Trab, und ehe sich's Hans versah, war er abgeworfen und lag in einem Graben, der die Äcker von der Landstraße trennte. Das Pferd wäre auch durchgegangen, wenn es nicht ein Bauer aufgehalten hätte, der des Weges kam und eine Kuh vor sich her trieb. Hans suchte seine Glieder zusammen und machte sich wieder auf die Beine. Er war aber verdrießlich und sprach zu dem Bauer: «Es ist ein schlechter Spaß, das Reiten, zumal, wenn man auf so eine Mähre gerät wie diese, die stößt und einen herabwirft, daß man den Hals brechen kann; ich setze mich nun und nimmermehr wieder auf. Da lob ich mir Eure Kuh, da kann einer mit Gemächlichkeit hinterhergehen und hat obendrein seine Milch, Butter und Käse jeden Tag gewiß. Was gäb ich darum, wenn ich so eine Kuh hätte!» – «Nun», sprach der Bauer, «geschieht Euch so ein großer Gefallen, so will ich Euch wohl die Kuh für das Pferd vertauschen.» Hans willigte mit tausend Freuden ein: Der Bauer schwang sich aufs Pferd und ritt eilig davon.

Hans trieb seine Kuh ruhig vor sich her und bedachte den glücklichen Handel. «Hab ich nur ein Stück Brot, und daran wird mir's doch nicht fehlen, so kann ich, sooft mir's beliebt, Butter und Käse dazu essen; hab ich Durst, so melk ich meine Kuh und trinke Milch. Herz, was verlangst du mehr?» Als er zu einem Wirtshaus kam, machte er halt, aß in der großen Freude alles, was er bei sich hatte, sein Mittags- und Abendbrot, rein auf und ließ sich für seine letzten paar Heller ein halbes Glas Bier einschenken. Dann trieb er seine Kuh weiter, immer nach dem Dorfe seiner Mutter zu. Die Hitze ward drückender, je näher der Mittag kam, und Hans befand sich in einer Heide, die wohl noch eine Stunde dauerte. Da ward es ihm ganz heiß, so daß ihm vor Durst die Zunge am Gaumen klebte. «Dem Ding ist zu helfen», dachte Hans, «jetzt will ich meine Kuh melken und mich an der Milch laben.» Er band sie an einen dürren Baum, und da er keinen Eimer hatte, so stellte er seine Ledermütze unter, aber wie er sich auch bemühte, es kam kein Tropfen Milch zum Vorschein. Und weil er sich ungeschickt dabei anstellte, so gab ihm das ungeduldige Tier endlich mit einem der Hinterfüße einen solchen Schlag vor den Kopf, daß er zu Boden taumelte und eine Zeitlang sich gar nicht besinnen konnte, wo er war. Glücklicherweise kam gerade ein Metzger des Weges, der auf einem Schubkarren ein junges Schwein liegen hatte. «Was sind das für Streiche!» rief er und half dem guten Hans auf. Hans erzählte, was vorgefallen war. Der Metzger reichte ihm seine Flasche und sprach: «Da trinkt einmal und erholt Euch. Die Kuh will wohl keine Milch geben, das ist ein altes Tier, das höchstens noch zum Ziehen taugt oder zum Schlachten.» «Ei, ei», sprach Hans und strich sich die Haare über den Kopf, «wer hätte das gedacht! Es ist freilich gut, wenn man so ein Tier ins Haus abschlachten kann, was gibt's für Fleisch! Aber ich mache mir aus dem Kuhfleisch nicht viel, es ist mir nicht saftig genug. Ja, wer so ein junges Schwein hätte! Das schmeckt anders, dabei noch die Würste.» «Hört, Hans», sprach da der Metzger. «Euch zuliebe will ich tauschen und will Euch das Schwein für die Kuh lassen.» «Gott lohn Euch Eure Freundschaft», sprach Hans, übergab ihm die Kuh, ließ sich das Schweinchen vom Karren losmachen und den Strick, woran es gebunden war, in die Hand geben.

Hans zog weiter und überdachte, wie ihm doch alles nach Wunsch ginge, begegnete ihm ja eine Verdrießlichkeit, so würde sie doch gleich wieder gut gemacht. Es gesellte sich danach ein Bursch zu ihm, der trug eine schöne weiße Gans unter dem Arm. Sie boten einander die Zeit, und Hans fing an, von seinem Glück zu erzählen, und wie er immer so vorteilhaft getauscht hätte. Der Bursch erzählte ihm, daß er die Gans zu einem Kindertaufschmaus brächte. «Hebt einmal», fuhr er fort und packte sie bei den Flügeln, «wie schwer sie ist, die ist aber auch acht Wochen lang genudelt worden. Wer in den Braten beißt, muß sich das Fett von beiden Seiten abwischen.» «Ja», sprach Hans und wog sie mit der einen Hand, «die hat ihr Gewicht, aber mein Schwein ist auch keine Sau.» Indessen sah sich der Bursch nach allen Seiten ganz bedenklich um, schüttelte auch wohl mit dem Kopf. «Hört», fing er darauf

an, «mit Eurem Schweine mag's nicht ganz richtig sein. In dem Dorfe, durch das ich gekommen bin, ist eben dem Schulzen eins aus dem Stalle gestohlen worden. Ich fürchte, Ihr habt's da in der Hand. Sie haben Leute ausgeschickt, und es wäre ein schlimmer Handel, wenn sie Euch mit dem Schwein erwischten: Das Geringste ist, daß Ihr ins finstere Loch gesteckt werdet.» Dem guten Hans ward bang: «Ach Gott», sprach er «helft mir aus der Not, Ihr wißt hier herum bessern Bescheid, nehmt mein Schwein da und laßt mir Eure Gans.» «Ich muß schon etwas aufs Spiel setzen», antwortete der Bursche, «aber ich will doch nicht schuld sein, daß Ihr ins Unglück geratet.» Er nahm also das Seil in die Hand und trieb das Schwein schnell auf einen Seitenweg fort: Der gute Hans aber ging, seiner Sorgen entledigt, mit der Gans unter dem Arme der Heimat zu. «Wenn ich's recht überlege», sprach er mit sich selbst, «habe ich noch Vorteil bei dem Tausch: erstlich den guten Braten, hernach die Menge von Fett, die heraustraufeln wird, das gibt Gänsefettbrot auf ein Vierteljahr: und endlich die schönen weißen Federn, die lass' ich mir in mein Kopfkissen stopfen, und darauf will ich wohl ungewiegt einschlafen. Was wird meine Mutter eine Freude haben!»
Als er durch das letzte Dorf gekommen war, stand da ein Scherenschleifer mit seinem Karren, sein Rad schnurrte, und er sang dazu:

«Ich schleife die Schere und drehe geschwind
und hänge mein Mäntelchen nach dem Wind.»

Hans blieb stehen und sah ihm zu; endlich redete er ihn an und sprach: «Euch geht's wohl, weil ihr so lustig bei Eurem Schleifen seid.» «Ja», antwortete der Scherenschleifer, «das Handwerk hat einen güldenen Boden. Ein rechter Schleifer ist ein Mann, der, sooft er in die Tasche greift, auch Geld darin findet. Aber wo habt Ihr die schöne Gans gekauft?» «Die hab' ich nicht gekauft, sondern für mein Schwein eingetauscht.» «Und das Schwein?» «Das hab' ich für eine Kuh gekriegt.» «Und die Kuh?» «Die hab' ich für ein Pferd bekommen.» «Und das Pferd?» «Dafür hab' ich einen Klumpen Gold, so groß wie mein Kopf, gegeben.» «Und das Gold?» «Ei, das war mein Lohn für sieben Jahre Dienst.» «Ihr habt Euch jederzeit zu helfen gewußt», sprach der Schleifer, «könnt Ihr's nun dahin bringen, daß Ihr das Geld in der Tasche springen hört, wenn Ihr aufsteht, so habt Ihr Euer Glück gemacht.» «Wie soll ich das anfangen?» sprach Hans. «Ihr müßt ein Schleifer werden wie ich; dazu gehört eigentlich nichts als ein Wetzstein, das andere findet sich schon von selbst. Da hab' ich einen, der ist zwar ein wenig schadhaft, dafür sollt Ihr mir aber auch weiter nichts als Eure Gans geben; wollt Ihr das?» «Wie könnt ihr noch fragen», antwortete Hans, «ich werde ja zum glücklichsten Menschen auf Erden; habe ich Geld, sooft ich in die Tasche greife, was brauche ich da länger zu sorgen?» Er reichte ihm die Gans hin und nahm den Wetzstein in Empfang. «Nun», sprach der Schleifer und hob einen gewöhnlichen, schweren Feldstein, der neben ihm lag, auf, «da habt ihr noch einen tüchtigen Stein dazu, auf dem sich's gut schlagen läßt und auf dem ihr Eure alten Nägel geradeklopfen könnt. Nehmt ihn und hebt ihn ordentlich auf.»

Hans lud den Stein auf und ging mit vergnügtem Herzen weiter; seine Augen leuchteten vor Freude: «Ich muß in einer Glückshaut geboren sein», rief er aus, «alles, was ich wünsche, trifft mir ein wie einem Sonntagskind.» Indessen, weil er seit Tagesanbruch auf den Beinen gewesen war, begann er müde zu werden; auch plagte ihn der Hunger, da er allen Vorrat auf einmal in der Freude über die erhandelte Kuh aufgezehrt hatte. Er konnte endlich nur mit Mühe weitergehen und mußte jeden Augenblick haltmachen; dabei drückten ihn die Steine ganz erbärmlich. Da konnte er sich des Gedankens nicht erwehren, wie gut es wäre, wenn er sie gerade jetzt nicht zu tragen brauchte. Wie eine Schnecke kam er zu einem Feldbrunnen geschlichen, wollte da ruhen und sich mit einem frischen Trunk laben; damit er aber die Steine im Niedersitzen nicht beschädigte, legte er sie bedächtig neben sich auf den Rand des Brunnens. Darauf setzte er sich nieder und wollte sich zum Trinken bücken, da versah er's, stieß ein klein wenig an, und beide Steine plumpten hinab. Hans, als er sie mit seinen Augen in die Tiefe hatte versinken sehen, sprang vor Freuden auf, kniete dann nieder und dankte Gott mit Tränen in den Augen, daß er ihm auch diese Gnade noch erwiesen und ihn auf eine so gute Art, und ohne daß er sich einen Vorwurf zu machen brauchte, von den schweren Steinen befreit hätte, die ihm allein noch hinderlich gewesen wären. «So glücklich wie ich», rief er aus, «gibt es keinen Menschen unter der Sonne.» Mit leichtem Herzen und frei von aller Last sprang er nun fort, bis er daheim bei seiner Mutter war.

Der Titel dieses Märchens verspricht glückhafte Entwicklung; was wir aber erleben, ist ein absteigender Weg vom Reichtum ins Nichts.[1] Dieser Titel wäre demnach ironisch gemeint wie z.B. «Das kluge Gretel» oder «Der gescheite Hans», wo bekanntlich Dummheit in Höchstform dargestellt wird.
Zu diesem äußern Abstieg verläuft jedoch entgegengesetzt ein innerer Prozeß, den man deutlich ablesen kann an den Gefühlsäußerungen, wie sie im Anschluß an den jeweiligen Tauschhandel beschrieben werden, und zwar nicht nur immer umfangreicher, sondern von Mal zu Mal intensiver:
«Hans war seelenfroh» (Gold/Pferd) – «Herz, was verlangst du mehr?» (Pferd/Kuh) – «Hans zog weiter und überdachte, wie ihm doch alles nach Wunsch ginge...» (Kuh/Schwein) – «...der gute Hans aber ging, seiner Sorgen entledigt, mit der Gans unter dem Arme der Heimat zu» (Schwein/Gans) – «...ich werde ja zum glücklichsten Menschen auf Erden...Hans lud den Stein auf und ging mit vergnügtem Herzen weiter; seine Augen leuchteten vor Freude: ‹Ich muß in einer Glückshaut geboren sein›, rief er aus ‹alles, was ich wünsche, trifft mir ein wie einem Sonntagskind›» (Gans/Stein).
Solche Zitate zeichnen in ihrer Überschwenglichkeit und Bildhaftigkeit alles andere als einen betrogenen Einfaltspinsel. Vor allem erstaunt der Schluß, da äußerlich, wie gesagt, eigentlich alles zusammenbrechen müßte:
«Hans, als er sie mit seinen Augen in die Tiefe hatte versinken sehen, sprang vor Freuden auf, kniete dann nieder und dankte Gott mit Tränen in den Augen, daß er ihm auch diese Gnade noch erwiesen und ihn auf eine so gute Art, und ohne daß er sich einen Vorwurf zu machen brauchte, von den schweren Steinen befreit hätte, die ihm allein noch hinderlich gewesen wären.»
Das ist nicht der Versuch eines gescheiterten Menschen, in Gott Trost zu finden. Das ist das Bekenntnis einer befreiten Seele, befreit von der Last der Steine. Das Gold schon «drückt» nämlich gewaltig auf die Schulter;

auch die beiden Steine «drückten...ganz erbärmlich». Anders im letzten Satz:
«Mit leichtem Herzen und frei von aller Last sprang er nun fort, bis er daheim bei seiner Mutter war.»
Mit jedem Wechsel, der zwar materiellen Verlust bedeutet, zeigt sich ein innerer Gewinn mit sich steigernden Gefühlserlebnissen. Das heißt, daß, genau betrachtet, der Weg nicht abwärts, sondern aufwärts führt, daß der äußere Tiefstpunkt zum inneren Höhepunkt wird, wo Last, Verdrießlichkeit und Sorgen schrittweise abgelöst werden durch Freude und Glück, empfunden als Gnade, die Sonntagskindern zuteil wird, erlangt durch Bedürfnislosigkeit und Besitzlosigkeit. Weil an nichts sein Herz hängt, kann sich innerer Reichtum bilden. Die andern urteilen nach dem Geldwert, nützen flink ihren Vorteil wie der Bauer («schwang sich aufs Pferd und ritt eilig davon»), scheuen auch den Betrug nicht wie der Bursch mit der weißen Gans. Hans hingegen gilt Besitz als Last und Sorge; er sucht innere Freiheit und findet sie. Bezeichnenderweise kommt auch immer dann, wenn die Last zu schwer wird, Hilfe dazu, wodurch er sich befreien kann; doch nicht so, als weiche er einer Anstrengung aus (er plagt sich teilweise noch redlich ab), vielmehr als Geschenk, das er dankbar annimmt, ohne den materiellen Verlust zu berechnen.
Wir sehen: Der Titel ist ganz wörtlich zu nehmen.
Man könnte hier die Deutung durchaus abschließen; aber ein erneuter Blick auf den Aufbau der Handlung regt zu weiterführender Betrachtung an:
Hans durchläuft nach seinem Abschied sieben Stationen, sieben verschiedene Zustände. Dies erinnert an die siebenfache Konstitution des Menschen, die, nach okkulter Tradition, die Gesamtheit der Aspekte des Menschen in aufsteigender Linie darstellt, in die er gemäß seiner Lebensäußerung, seiner Reifegrade eingeteilt werden kann. Dem liegt zugrunde eine Dreiteilung in Körper, Seele und Geist, früh schon ausgebaut zu einer siebenfachen Gliederung; bei der Theosophin Annie Besant bezeichnet als «Dichter-Körper, Äther-Körper, Astral-Körper, Mental-Körper, Kausal-Körper, Seligkeits-Körper, Atma»; in der neueren Anthroposophie als «Physischer Leib, Ätherleib (Lebensleib), Astral-Leib (Seelenleib), Empfindungsseele, Verstandesseele, Bewußtseinsseele, Manas (Geistselbst), Buddhi (Lebensgeist, in anderen Systemen auch als Engel beschrieben), Atman (Geistmensch, Universalgeist)».[2]
Allen gemeinsam ist letztlich eine Bewegung vom Stofflichen zum Unstofflichen, vom Sterblichen zum Unsterblichen; nicht zu verstehen als eine Tilgung des jeweils vorherigen Zustands (jeder Teil hat seine Bedeutung fürs Ganze), sondern als eine Überhöhung, Sublimierung.
Was das Märchen hier anspricht, ist altes Wissen, das z.B. auch in der Offenbarung des Johannes (1,12ff.) angedeutet wird, wo von den sieben goldenen Leuchtern die Rede ist, in deren Mitte Christus erscheint,

der sieben Sterne (Planeten) in seiner Rechten hält, denen wiederum die Engel (Schutzgeister) der sieben Gemeinden entsprechen. Es geht jedesmal um Ordnungen, Prinzipien kosmischer Art, in die der Mensch eingebettet ist; es geht um Bewegung und Entwicklung, um eine glückhafte Abrundung und Harmonie, wie sie, als Gnade, am Ende auch in unserem Märchen erscheint.

Und plötzlich ordnet sich dem auch der erste Satz dieses Textes zu: «Hans hatte sieben Jahre bei seinem Herrn gedient...» Sieben Jahre entsprechen in der Esoterik den sieben Wochentagen, denen Planetenkräfte zugeordnet sind, wie sich noch leicht im Französischen ablesen läßt:[3]

Montag – lundi (Luna) – Mond = Seele, Gefühl

Dienstag – mardi – Mars = Energie, Willenskraft

Mittwoch – mercredi – Merkur = logisches Denken, vermittelnde Kraft

Donnerstag – jeudi (Jovis) – Jupiter = Großzügigkeit, Güte, Weisheit

Freitag – vendredi – Venus = Liebe, Harmonie, Ästhetik

Samstag – samedi (engl. saturday) – Saturn = Konzentration, Vertiefung, Ausdauer

Sonntag – dimanche (engl. sunday) – Sonne = Geist, Lebenskraft

Nachdem Hans diese Kräfte in sich verwirklicht hat, gebunden an einen Herrn, ihm treu und ehrlich dienend, ist er vorbereitet, wird er entlassen, um nun selbständig, wieder in sieben Stationen, den Weg nach Hause zu gehen, ohne große Schwierigkeiten zu bewältigen und schließlich die höchste Stufe des Menschseins, Freiheit aus der Gnade Gottes, zu erreichen und in den Zustand höchster Glückseligkeit versetzt zu werden (man lese daraufhin noch einmal den Schlußteil).

Damit gelangt schließlich dieser Mensch in seine Heimat (der erste und der letzte Satz sprechen davon); es wird ihm erfüllt, was sein Herr beim Abschied versprach:

«Wie der Dienst war, so soll der Lohn sein.»

Aschenputtel

«Aschenputtel» gehört zu den bekanntesten Märchen; es gibt zahlreiche Varianten auch im Ausland. Perraults[1] Bearbeitung (Cendrillon ou la petite pantoufle de verre) allerdings erscheint zu aufgeputzt; wie man dieses Mal auch von der Grimmschen Fassung sagen muß, daß sie die Urfassung zu sehr verniedlicht und glättet, nicht vorhandene Dreierschritte einbaut, die grausame Bestrafung der beiden Schwestern hinzufügt. Es scheint daher in diesem Falle geraten, den Urtext zu benutzen:

Es war einmal ein reicher Mann, der lebte lange Zeit vergnügt mit seiner Frau, und sie hatten ein einziges Töchterlein zusammen. Da ward die Frau krank, und als sie todtkrank ward, rief sie ihre Tochter und sagte: «Liebes Kind, ich muß dich verlassen, aber wenn ich oben im Himmel bin, will ich auf dich herab sehen, pflanz ein Bäumlein auf mein Grab, und wenn du etwas wünschest, schüttele daran, so sollst du es haben, und wenn du sonst in Noth bist, so will ich dir Hülfe schicken, nur bleib fromm und gut.» Nachdem sie das gesagt, that sie die Augen zu und starb; das Kind aber weinte und pflanzte ein Bäumlein auf das Grab und brauchte kein Wasser hin zu tragen und es zu begießen, denn es war genug mit seinen Thränen.
Der Schnee deckte ein weiß Tüchlein auf der Mutter Grab, und als die Sonne es wieder weggezogen hatte und das Bäumlein zum zweitenmal grün geworden war, da nahm sich der Mann eine andere Frau. Die Stiefmutter aber hatte schon zwei Töchter von ihrem ersten Mann, die waren von Angesicht schön, von Herzen aber stolz und hoffärtig und bös. Wie nun die Hochzeit gewesen und alle drei in das Haus gefahren kamen, da ging schlimme Zeit für das arme Kind an. «Was macht der garstige Unnütz in den Stuben», sagte die Stiefmutter, «fort mit ihr in die Küche, wenn sie Brod essen will, muß sie's erst verdient haben, sie kann unsere Magd seyn.» Da nahmen ihm die Stiefschwestern die Kleider weg und zogen ihm einen alten grauen Rock an: «Der ist gut für dich!» sagten sie, lachten es aus und führten es in die Küche. Da mußte das arme Kind so schwere Arbeit thun: früh vor Tag aufstehen, Wasser tragen, Feuer anmachen, kochen und waschen, und die Stiefschwestern thaten ihm noch alles gebrannte Herzeleid an, spotteten es, schütteten ihm Erbsen und Linsen in die Asche, da mußte es den ganzen Tag sitzen und sie wieder auslesen. Wenn es müd war abends, kam es in kein Bett, sondern mußte sich neben dem Herd in die Asche legen. Und weil es da immer in Asche und Staub herumwühlte und schmutzig aussah, gaben sie ihm den Namen Aschenputtel.

Auf eine Zeit stellte der König einen Ball an, der sollte in aller Pracht drei Tage dauern, und sein Sohn, der Prinz, sollte sich eine Gemahlin aussuchen; dazu wurden die zwei stolzen Schwestern auch eingeladen. «Aschenputtel», riefen sie, «komm herauf, kämme uns die Haare, bürst uns die Schuhe und schnalle sie fest, wir gehen auf den Ball zu dem Prinzen.» Aschenputtel gab sich alle Mühe und putzte sie so gut es konnte, sie gaben ihm aber nur Scheltworte dazwischen, und als sie fertig waren, fragten sie spöttisch: «Aschenputtel, du gingst wohl gern mit auf den Ball?» – «Ach ja, wie kann ich aber hingehen, ich habe keine Kleider.» – «Nein, sagte die älteste, das wär mir recht, daß du dich dort sehen ließest, wir müßten uns schämen, wenn die Leute hörten, daß du unsere Schwester wärest; du gehörst in die Küche, da hast du eine Schüssel voll Linsen, wann wir wieder kommen, muß sie gelesen seyn, und hüt dich, daß keine böse darunter ist, sonst hast du nichts Gutes zu erwarten.» Damit gingen sie fort, und Aschenputtel stand und sah ihnen nach, und als es nichts mehr sehen konnte, ging es traurig in die Küche und schüttete die Linsen auf den Heerd, da war es ein großer, großer Haufen. «Ach», sagte es und seufzte dabei, «da muß ich dran lesen bis Mitternacht und darf die Augen nicht zufallen lassen, und wenn sie mir noch so weh thun, wenn das meine Mutter wüßte!» Da kniete es sich vor den Heerd in die Asche und wollte anfangen zu lesen, indem flogen zwei weiße Tauben durchs Fenster und setzten sich neben die Linsen auf den Heerd; sie nickten mit den Köpfchen und sagten: «Aschenputtel, sollen wir dir helfen Linsen lesen?» «Ja», antwortete Aschenputtel:

«Die schlechten ins Kröpfchen,
die guten ins Töpfchen.»

Und pick, pick! pick, pick! fingen sie an und fraßen die schlechten weg und ließen die guten liegen. Und in einer Viertelstunde waren die Linsen so rein, daß auch nicht eine falsche darunter war, und Aschenputtel konnte sie alle ins Töpfchen streichen. Darauf aber sagten die Tauben: «Aschenputtel, willst du deine Schwestern mit dem Prinzen tanzen sehen, so steig auf den Taubenschlag.» Aschenputtel ging ihnen nach und stieg bis auf den letzten Leitersproß, da konnte es in den Saal sehen und sah seine Schwestern mit dem Prinzen tanzen, und es flimmerte und glänzte von viel tausend Lichtern vor seinen Augen. Und als es sich satt gesehen, stieg es wieder herab, und es war ihm schwer ums Herz und legte sich in die Asche und schlief ein.

Am andern Morgen kamen die zwei Schwestern in die Küche, und als sie sahen, daß Aschenputtel die Linsen rein gelesen, waren sie böse, denn sie wollten es gern schelten, und da sie das nicht konnten, huben sie an von dem Ball zu erzählen und sagten: «Aschenputtel, das ist eine Lust gewesen, bei dem Tanz, der Prinz, der allerschönste auf der Welt, hat uns dazu geführt, und eine von uns wird seine Gemahlin werden.» – «Ja», sagte Aschenputtel,

«ich habe die Lichter flimmern sehen, das mag recht prächtig gewesen seyn.» – «Ei! Wie hast du das angefangen?» fragte die älteste. – «Ich hab' oben auf dem Taubenstall gestanden.» – Wie sie das hörte, trieb sie der Neid, und sie befahl, daß der Taubenstall gleich sollte niedergerissen werden.
Aschenputtel aber mußte sie wieder kämmen und putzen; da sagte die jüngste, die noch ein wenig Mitleid im Herzen hatte: «Aschenputtel, wenn's dunkel ist, kannst du hinzugehen und von außen durch die Fenster gucken!» – «Nein», sagte die älteste, «das macht sie nur faul, da hast du einen Sack voll Wicken, Aschenputtel, da, lese die guten und bösen auseinander und sey fleißig, und wenn du sie morgen nicht rein hast, so schütte ich dir sie in die Asche und du mußt hungern, bis du sie alle herausgesucht hast.»
Aschenputtel setzte sich betrübt auf den Heerd und schüttete die Wicken aus. Da flogen die Tauben wieder herein und thaten freundlich: «Aschenputtel, sollen wir dir die Wicken lesen?» «Ja, –

die schlechten ins Kröpfchen,
die guten ins Töpfchen.»

Pick, pick! pick, pick! ging's so geschwind, als wären zwölf Hände da. Und als sie fertig waren, sagten die Tauben: «Aschenputtel, willst du auch auf den Ball gehen und tanzen?» – «O du mein Gott, sagte es, wie kann ich in meinen schmutzigen Kleidern hingehen?» – «Geh zu dem Bäumlein auf deiner Mutter Grab, schüttele daran und wünsche dir schöne Kleider, komm aber vor Mitternacht wieder.» – Da ging Aschenputtel hinaus, schüttelte das Bäumlein und sprach:

«Bäumlein rüttel und schüttel dich,
wirf schöne Kleider herab für mich!»

Kaum hatte es das ausgesagt, da lag ein prächtig silbern Kleid vor ihm, Perlen, seidene Strümpfe mit silbernen Zwickeln und silberne Pantoffeln und was sonst dazu gehörte. Aschenputtel trug alles nach Haus, und als es sich gewaschen und angezogen hatte, da war es so schön wie eine Rose, die der Thau gewaschen hat. Und wie es vor die Hausthüre kam, so stand da ein Wagen mit sechs federgeschmückten Rappen und Bediente dabei in Blau und Silber, die hoben es hinein, und so ging's im Galopp zu dem Schloß des Königs.
Der Prinz aber sah den Wagen vor dem Thor halten und meinte eine fremde Prinzessin käme angefahren. Da ging er selbst die Treppe hinab, hob Aschenputtel hinaus und führte es in den Saal. Und als da der Glanz der viel tausend Lichter auf es fiel, da war es so schön, daß jedermann sich darüber verwunderte, und die Schwestern standen auch da und ärgerten sich, daß jemand schöner war wie sie, aber die dachten nimmermehr, daß das Aschenputtel

wäre, das zu Haus in der Asche lag. Der Prinz aber tanzte mit Aschenputtel und ward ihm königliche Ehre angethan. Er gedachte auch bei sich: Ich soll mir eine Braut aussuchen, da weiß ich mir keine als diese. Für so lange Zeit in Asche und Traurigkeit lebte Aschenputtel nun in Pracht und Freude; als aber Mitternacht kam, eh' es zwölf geschlagen, stand es auf, neigte sich und wie der Prinz bat und bat, so wollte es nicht länger bleiben. Da führte es der Prinz hinab, unten stand der Wagen und wartete, und so fuhr es fort in Pracht wie es gekommen war.

Als Aschenputtel zu Hause war, ging es wieder zu dem Bäumlein auf der Mutter Grab:

«Bäumlein rüttel dich und schüttel dich!
nimm die Kleider wieder für dich!»

Da nahm der Baum die Kleider wieder, und Aschenputtel hatte sein altes Aschenkleid an, damit ging es zurück, machte sich das Gesicht staubig und legte sich in die Asche schlafen.

Am Morgen darauf kamen die Schwestern, sahen verdrießlich aus und schwiegen still. Aschenputtel sagte: «Ihr habt wohl gestern abend viel Freude gehabt» – «Nein, es war eine Prinzessin da, mit der hat der Prinz fast immer getanzt, es hat sie aber niemand gekannt und niemand gewußt, woher sie gekommen ist.» – «Ist es vielleicht die gewesen, die in dem prächtigen Wagen mit den sechs Rappen gefahren ist?» sagte Aschenputtel. – «Woher weißt du das?» – «Ich stand in der Hausthüre, da sah ich sie vorbeifahren.» – «In Zukunft bleib bei deiner Arbeit», sagte die älteste und sah Aschenputtel böse an, «was brauchst du in der Hausthüre zu stehen.»

Aschenputtel mußte zum drittenmal die zwei Schwestern putzen, und zum Lohn gaben sie ihm eine Schüssel mit Erbsen, die sollte sie reinlesen; «und daß du dich nicht unterstehst von der Arbeit wegzugehen», rief die älteste noch nach. Aschenputtel gedachte: wenn nur meine Tauben nicht ausbleiben, und das Herz schlug ihm ein wenig. Die Tauben aber kamen wie an dem vorigen Abend und sagten: «Aschenputtel, sollen wir dir die Erbsen lesen?» – «Ja,

die schlechten ins Kröpfchen,
die guten ins Töpfchen.»

Die Tauben pickten wieder die bösen heraus und waren bald damit fertig, dann sagten sie: «Aschenputtel, schüttele das Bäumlein, das wird dir noch schönere Kleider herunter werfen, geh auf den Ball, aber hüte dich, daß du vor Mitternacht wieder kommst.» Aschenputtel ging hin:

«Bäumlein rüttel dich und schüttel dich,
wirf schöne Kleider herab für mich.»

Da fiel ein Kleid herab, noch viel herrlicher und prächtiger als das vorige, ganz von Gold und Edelgesteinen, dabei goldgezwickelte Strümpfe und goldene Pantoffeln; und als Aschenputtel damit angekleidet war, da glänzte es recht wie die Sonne am Mittag. Vor der Thüre hielt ein Wagen mit sechs Schimmeln, die hatten hohe weiße Federbüsche auf dem Kopf, und die Bedienten waren in Roth und Gold gekleidet. Als Aschenputtel ankam, stand schon der Prinz auf der Treppe und führte sie in den Saal. Und waren gestern alle über ihre Schönheit erstaunt, so erstaunten sie heute noch mehr, und die Schwestern standen in der Ecke und waren blaß vor Neid, und hätten sie gewußt, daß das Aschenputtel war, das zu Haus in der Asche lag, sie wären gestorben vor Neid.

Der Prinz aber wollte wissen, wer die fremde Prinzessin sey, woher sie gekommen und wohin sie fahre, und hatte Leute auf die Straße gestellt, die sollten acht darauf haben, und damit sie nicht so schnell fortlaufen könne, hatte er die Treppe mit Pech bestreichen lassen. Aschenputtel tanzte und tanzte mit dem Prinzen, war in Freuden und gedachte nicht an Mitternacht. Auf einmal, wie es mitten im Tanzen war, hörte es den Glockenschlag, da fiel ihm ein, wie die Tauben es gewarnt, erschrak und eilte zur Thüre hinaus und flog recht die Treppe hinunter. Weil die aber mit Pech bestrichen war, blieb einer von den goldenen Pantoffeln festhängen, und in der Angst dachte es nicht daran, ihn mitzunehmen. Und wie es den letzten Schritt von der Treppe that, da hatt' es zwölf ausgeschlagen, da waren Wagen und Pferde verschwunden und Aschenputtel stand in seinen Aschenkleidern auf der dunkeln Straße. Der Prinz war ihm nachgeeilt, und auf der Treppe fand er den goldenen Pantoffel, riß ihn los und hob ihn auf, wie er aber unten hinkam, war alles verschwunden; die Leute auch, die zur Wache ausgestellt waren, kamen und sagten, daß sie nichts gesehen hatten.

Aschenputtel war froh, daß es nicht schlimmer gekommen war, und ging nach Haus, da steckte es sein trübes Öl-Lämpchen an, hängte es in den Schornstein und legte sich in die Asche. Es währte nicht lange, so kamen die beiden Schwestern auch und riefen: «Aschenputtel, steh auf und leucht uns!» Aschenputtel gähnte und that als wacht es aus dem Schlaf. Bei dem Leuchten aber hörte es, wie die eine sagte: «Gott weiß, wer die verwünschte Prinzessin ist, daß sie in der Erde begraben läg! der Prinz hat nur mit ihr getanzt, und als sie weg war, hat er gar nicht mehr bleiben wollen, und das ganze Fest hat ein Ende gehabt.» – «Es war recht, als wären alle Lichter auf einmal ausgeblasen worden», sagte die andere. Aschenputtel wußte wohl, wer die fremde Prinzessin war, aber es sagte kein Wörtchen.

Der Prinz aber gedachte, ist dir alles andere fehlgeschlagen, so wird dir der Pantoffel die Braut finden helfen, und ließ bekannt machen, welcher der goldene Pantoffel passe, die solle seine Gemahlin werden. Aber allen war er viel zu klein, ja manche hätten ihren Fuß nicht hineingebracht, und wären die zwei Pantoffeln ein einziger gewesen. Endlich kam die Reihe auch an die beiden Schwestern, die Probe zu machen; sie waren froh, denn sie hatten kleine schöne Füße und glaubten, uns kann es nicht fehlschlagen, wär' der Prinz nur gleich zu uns gekommen. «Hört», sagte die Mutter heimlich, «da habt ihr ein Messer, und wenn euch der Pantoffel doch noch zu eng ist, so schneidet euch ein Stück vom Fuß ab, es thut ein bißchen weh, was schadet das aber, es vergeht bald und eine von euch wird Königin.» Da ging die älteste in ihre Kammer und probierte den Pantoffel an, die Fußspitze kam hinein, aber die Ferse war zu groß, da nahm sie das Messer und schnitt sich ein Stück von der Ferse, bis sie den Fuß in den Pantoffel hineinzwängte. So ging sie heraus zu dem Prinzen, und wie der sah, daß sie den Pantoffel anhatte, sagte er, das sey die Braut, führte sie zum Wagen und wollte mit ihr fortfahren. Wie er aber ans Thor kam, saßen oben die Tauben und riefen:

«Rucke di guck, rucke di guck!
Blut ist im Schuck (Schuh):
Der Schuck ist zu klein,
Die rechte Braut sitzt noch daheim!»

Der Prinz bückte sich und sah auf den Pantoffel, da quoll das Blut heraus, und da merkte er, daß er betrogen war, und führte die falsche Braut zurück. Die Mutter aber sagte zur zweiten Tochter: «Nimm du den Pantoffel, und wenn er dir zu kurz ist, so schneide lieber vorne an den Zehen ab.» Da nahm sie den Pantoffel in ihre Kammer, und als der Fuß zu groß war, da biß sie die Zähne zusammen und schnitt ein großes Stück von den Zehen ab und drückte den Pantoffel geschwind an. Wie sie damit hervortrat, meinte er, das wäre die rechte, und wollte mit ihr fortfahren. Als er aber in das Thor kam, riefen die Tauben wieder:

«Rucke di guck, rucke di guck!
Blut ist im Schuck:
Der Schuck ist zu klein,
Die rechte Braut sitzt noch daheim!»

Der Prinz sah nieder, da waren die weißen Strümpfe der Braut roth gefärbt, und das Blut war hoch herauf gedrungen. Da brachte sie der Prinz der Mutter wieder und sagte: «Das ist auch nicht die rechte Braut; aber ist nicht noch eine Tochter im Haus?» «Nein, sagte die Mutter, nur ein garstiges Aschenputtel ist noch da, das sitzt unten in der Asche, dem kann der Pantoffel nicht passen.» Sie wollte es auch nicht rufen lassen, bis es der Prinz durchaus verlangte. Da ward Aschenputtel gerufen, und wie es hörte, daß der Prinz da sey, wusch es sich geschwind Gesicht und Hände frisch und rein; und wie es in die Stube trat, neigte es sich, der Prinz aber reichte ihr den goldenen Pantoffel und sagte: «Probier ihn an! Und wenn er dir paßt, wirst du meine Gemahlin.» Da streift es den schweren Schuh von dem linken Fuß ab, setzt ihn auf den goldenen Pantoffel und drückte ein klein wenig, da stand es darin, als wär er ihm angegossen. Und als es sich aufbückte, sah ihm der Prinz ins Gesicht, da erkannte er die schöne Prinzessin wieder und rief: «Das ist die rechte Braut.» Die Stiefmutter und die zwei stolzen Schwestern erschracken und wurden bleich, aber der Prinz führte Aschenputtel fort und hob es in den Wagen, und als sie durchs Thor fuhren, da riefen die Tauben:

«Rucke di guck, rucke di guck!
Kein Blut im Schuck:
Der Schuck ist nicht zu klein,
Die rechte Braut, die führt er heim!»

Aschenputtel – das ist das in Asche gestoßene, daher unscheinbare Mädchen. Sein Alltag ist grau und erniedrigend, obwohl es aus gehobenem Milieu stammt. Trotz der Entwürdigung und Verhöhnung durch die Stiefschwestern erledigt es seinen Dienst ohne Murren und Widerstand, ohne inneren Groll, auch seinem Schicksal gegenüber. Auf diese Weise wird das Mädchen zum Sinnbild der Demut und Frömmigkeit. Es wird unterstützt durch die verstorbene Mutter, die ihm über das Bäumchen und zwei weiße Tauben zu Hilfe kommt. Das Mädchen seinerseits, das fortwährend in Verbindung mit dem Transzendenten bleibt, pflegt das Grab, macht es zu einer Gedenkstätte, hält damit die Erinnerung an den Geist der Vorfahren wach und unterstreicht so Art und Herkunft[2]. Diese Tätigkeit findet später ihren Lohn in den reichen Geschenken, die das Mädchen mehr und mehr auszeichnen, veredeln, ihre wahre Abstammung kundtun. Sehr eindringlich weiß die Urfassung diesen Zustand, der auch als inneres Wachsen verstanden werden muß, zu schildern, als das Mädchen an der Mutter Grab um schöne Kleider[3] bittet:
«Kaum hatte es das ausgesagt, da lag ein prächtig silbern Kleid vor ihm, Perlen, seidene Strümpfe mit silbernen Zwickeln und silberne Pantoffeln und was sonst dazu gehörte. Aschenputtel trug alles nach Haus, und als es sich gewaschen und angezogen hatte, da war es so schön wie eine Rose, die der Tau gewaschen hat. Und wie es vor die Haustüre kam, so stand da ein Wagen mit sechs federgeschmückten Rappen und Bediente dabei in Blau und Silber, die hoben es hinein, und so ging's im Galopp zu dem Schloß des Königs.»
Und beim zweiten Mal:
«Da fiel ein Kleid herab noch viel herrlicher und prächtiger als das vorige, ganz von Gold und Edelgesteinen, dabei goldgezwickelte

Strümpfe und goldene Pantoffeln; und als Aschenputtel damit angekleidet war, da glänzte es recht, wie die Sonne am Mittag. Vor der Türe hielt ein Wagen mit sechs Schimmeln, die hatten hohe weiße Federbüsche auf dem Kopf, und die Bedienten waren in Rot und Gold gekleidet.»

Ist das Bild von der Rose, die der Tau gewaschen hat, schon höchste Darstellung der Reinheit und Liebeskraft, so wird jetzt noch eine Steigerung erzielt durch den Vergleich «wie die Sonne am Mittag», Zeichen der Strahlkraft und Vollendung (am Mittag steht die Sonne im Zenit, d.h. in ihrer stärksten Position). Jetzt kann auch der Tanz als die vorweggenommene Einheit bis zur Vergessenheit geschildert werden:

«Aschenputtel tanzte und tanzte mit dem Prinzen, war in Freuden und gedachte nicht an Mitternacht.»

Dieser Weg war aber nur möglich mit Hilfe der Tauben, den Boten des Himmels[4]. Über sie wird die Erinnerung an die Mutter wachgehalten, wird die Kraft der anderen Welt wirksam, eine Seelenkraft[5], die gleichzeitig auch spontanes Unterscheidungsvermögen bringt; denn was die Vögel für Aschenputtel tun, das «Lesen», Sortieren der Linsen, Wikken und Erbsen, ist sicher keine zufällige Arbeit, ist die Trennung von Gutem und Schlechtem. Die Tauben sind gleichzeitig eine innere Stimme, eine Stimme von oben, mit deren Hilfe ein erhöhter Standpunkt gewonnen wird: Aschenputtel steigt auf Geheiß der Tauben auf die letzte Leitersprosse des Taubenschlags, um von da dem Fest im Schloß zuzusehen, denn es fühlt, daß es dorthin gehört; die Schwestern lassen bei ihrer Rückkehr den Taubenstall sogleich niederreißen, d.h. sie versuchen, Aschenputtel diesen Standort zu zerstören. Überdies verrät diese innere Stimme nachher auch dem Prinzen, ob er die falsche oder rechte Braut nach Hause führt.

Auf dreifache Weise also wird Aschenputtels Begegnung mit dem Prinzen vorbereitet: Erstens durch seine Abstammung, die sich, trotz erniedrigender Umwelteinflüsse, durchsetzt; Aschenputtel, dem Rat der Tauben folgend, wird sich seines Wertes zunehmend bewußt und geht, trotz des Verbots, zum Fest. Zweitens durch seine Demut, die es bei alledem bewahrt; Aschenputtel kehrt am ersten Abend freiwillig zurück, macht sich das Gesicht staubig und legt sich in die Asche schlafen, läßt sich also nicht verlocken von der Pracht und Freude. Drittens durch die Kraft der inneren Stimme, die es unterscheiden und durchschauen lehrt. Erstaunlich ist auch, mit welcher Sicherheit Aschenputtel dem Prinzen bei der Schuhprobe begegnet:

«Da streift es den schweren Schuh von dem linken Fuß ab, setzt ihn auf den goldenen Pantoffel und drückte ein klein wenig, da stand es darin, als wär er ihm angegossen.»

Aber noch eine andere Voraussetzung muß erfüllt sein, um diese Begegnung zu vollenden: Der Prinz muß sich seine Braut erringen. Da sich ihm Aschenputtel entzieht, greift er zur List. Wir staunen über das Mittel, das er anwendet: Das Bild vom Pech will gar nicht in diesen festlichen Kreis, schon gar nicht im Blick auf das vergoldete Aschenputtel passen. Das meint doch wohl, daß auf diesem Wege eine solche Erscheinung nicht gehalten werden kann; erst durch langes Suchen, bei dem Irrwege nicht ausgeschlossen bleiben, erst indem sich die beiden aufeinander zubewegen (Aschenputtel erscheint im Schloß, der Prinz in Aschenputtels Haus), kommt es zur Vereinigung.

Noch einmal wird deutlich, worauf dieses Märchen Wert legt: Weshalb braucht der Prinz den Schuh, um seine Braut zu finden? Weshalb genügt ihm nicht ein Blick ins Gesicht?

Nun: Es gibt viele schöne Gesichter; eigentlicher Wertmaßstab jedoch ist der Standpunkt, die innere Festigkeit, mit der ein Mensch wie z.B. Aschenputtel im Leben steht und inmitten härtester Anfeindung sich selbst treu bleibt. Wir wissen, daß den Füßen in den verschiedensten Kulturbereichen große Bedeutung zugemessen wird: Wir denken an die Fußwaschung im Johannesevangelium, wodurch Jesus vor dem letzten Abendmahl seinen Jüngern ein Beispiel von Demut und dienender Liebe gibt; wir kennen den früheren Brauch, hochgestellten Persönlichkeiten zum Zeichen der Verehrung und Untertänigkeit die Füße zu küssen; wir erinnern uns, daß in Asien kleine, zierliche Füße die Schönheit der Frau ausmachten. Konsequent beschreibt der Erzähler erst die Schuhprobe, dann das Aufrichten zum Prinzen und dann erst den Blick; die letzte Bestätigung gibt dann die innere Stimme, der Ruf der Tauben, mit dem die Urfassung abschließt.

Die Brüder Grimm lenken in ihrer Bearbeitung den Blick noch einmal auf die Stiefschwestern. Wir erfahren schon im Urtext, daß sie ebenfalls von Angesicht schön waren, auch kleine schöne Füße hatten, «von Herzen aber stolz und hoffärtig und bös waren». Sie haben also auch Voraussetzungen, um ins Schloß zu kommen, verstellen sich aber durch Hochmut und Neid den endgültigen Zugang, versuchen schließlich, durch widernatürliche Handlungen etwas zu erzwingen, und bestrafen sich selbst, wenn wir die Tauben – bei Grimm werden sie zu unerbittlichen Vollzugsorganen – wieder als eine innere Kraft auffassen:

«Als die Hochzeit mit dem Königssohn sollte gehalten werden, kamen die falschen Schwestern, wollten sich einschmeicheln und teil an seinem Glück nehmen. Als die Brautleute nun zur Kirche gingen, war die älteste zur rechten, die jüngste zur linken Seite: da pickten die Tauben einer jeden das eine Auge aus. Hernach, als sie herausgingen, war die älteste zur linken und die jüngste zur rechten: da pickten die Tauben einer jeden das andere Auge aus. Und waren sie also für ihre Bosheit und Falschheit mit Blindheit auf ihr Lebtag gestraft».

Aschenputtel hingegen, treu seiner Herkunft und treu sich selbst, entwickelt sich durch selbstloses Dienen, doch selbstbewußt, aus tiefster Erniedrigung zu höchster Würde und Schönheit.

Dornröschen

Vor Zeiten war ein König und eine Königin, die sprachen jeden Tag: «Ach, wenn wir doch ein Kind hätten!» und kriegten immer keins. Da trug sich zu, als die Königin einmal im Bade saß, daß ein Frosch aus dem Wasser ans Land kroch und zu ihr sprach: «Dein Wunsch wird erfüllt werden, ehe ein Jahr vergeht, wirst du eine Tochter zur Welt bringen.» Was der Frosch gesagt hatte, das geschah, und die Königin gebar ein Mädchen, das war so schön, daß der König vor Freude sich nicht zu lassen wußte und ein großes Fest anstellte. Er ladete nicht bloß seine Verwandten, Freunde und Bekannten, sondern auch die weisen Frauen dazu ein, damit sie dem Kind hold und gewogen wären. Es waren ihrer dreizehn in seinem Reiche, weil er aber nur zwölf goldene Teller hatte, von welchen sie essen sollten, so mußte eine von ihnen daheim bleiben. Das Fest ward mit aller Pracht gefeiert, und als es zu Ende war, beschenkten die weisen Frauen das Kind mit ihren Wundergaben: die eine mit Tugend, die andere mit Schönheit, die dritte mit Reichtum und so mit allem, was auf der Welt zu wünschen ist. Als elfe ihre Sprüche eben getan hatten, trat plötzlich die dreizehnte herein. Sie wollte sich dafür rächen, daß sie nicht eingeladen war, und ohne jemand zu grüßen oder nur anzusehen, rief sie mit lauter Stimme: «Die Königstochter soll sich in ihrem funfzehnten Jahr an einer Spindel stechen und tot hinfallen.» Und ohne ein Wort weiter zu sprechen, kehrte sie sich um und verließ den Saal. Alle waren erschrocken, da trat die zwölfte hervor, die ihren Wunsch noch übrig hatte, und weil sie den bösen Spruch nicht aufheben, sondern nur ihn mildern konnte, so sagte sie: «Es soll aber kein Tod sein, sondern ein hundertjähriger tiefer Schlaf, in welchen die Königstochter fällt.»

Der König, der sein liebes Kind vor dem Unglück gern bewahren wollte, ließ den Befehl ausgehen, daß alle Spindeln im ganzen Königreiche sollten verbrannt werden. An dem Mädchen aber wurden die Gaben der weisen Frauen sämtlich erfüllt; denn es war so schön, sittsam, freundlich und verständig, daß es jedermann, der es ansah, lieb haben mußte. Es geschah, daß an dem Tage, wo es gerade funfzehn Jahre alt ward, der König und die Königin nicht zu Hause waren, und das Mädchen ganz allein im Schloß zurückblieb. Da ging es aller Orten herum, besah Stuben und Kammern, wie es Lust hatte, und kam endlich auch an einen alten Turm. Es stieg die enge Wendeltreppe hinauf und gelangte zu einer kleinen Türe. In dem Schloß steckte ein verrosteter Schlüssel, und als es umdrehte, sprang die Türe auf, und saß da in einem kleinen Stübchen eine alte Frau mit einer Spindel und spann emsig ihren Flachs. «Guten Tag, du altes Mütterchen», sprach die Königstochter, «was machst du da?» – «Ich spinne», sagte die Alte und nickte mit dem Kopf. «Was ist das für ein Ding, das so lustig herumspringt?» sprach das Mädchen, nahm die Spindel und wollte auch spinnen. Kaum hatte sie aber die Spindel angerührt, so ging der Zauberspruch in Erfüllung, und sie stach sich damit in den Finger.

In dem Augenblick aber, wo sie den Stich empfand, fiel sie auf das Bett nieder, das da stand, und lag in einem tiefen Schlaf. Und dieser Schlaf verbreitete sich über das ganze Schloß: der König und die Königin, die eben heimgekommen waren und in den Saal getreten waren, fingen an einzuschlafen und der ganze Hofstaat mit ihnen. Da schliefen auch die Pferde im Stall, die Hunde im Hofe, die Tauben auf dem Dache, die Fliegen an der Wand, ja, das Feuer, das auf dem Herde flackerte, ward still und schlief ein, und der Braten hörte auf zu brutzeln, und der Koch, der den Küchenjungen, weil er etwas versehen hatte, in den Haaren ziehen wollte, ließ ihn los und schlief. Und der Wind legte sich, und auf den Bäumen vor dem Schloß regte sich kein Blättchen mehr.

Rings um das Schloß aber begann eine Dornenhecke zu wachsen, die jedes Jahr höher ward und endlich das ganze Schloß umzog und darüber hinaus wuchs, daß gar nichts mehr davon zu sehen war, selbst nicht die Fahne auf dem Dach. Es ging aber die Sage in dem Land von dem schönen schlafenden Dornröschen; denn so ward die Königstochter genannt, also daß von Zeit zu Zeit Königssöhne kamen und durch die Hecke in das Schloß dringen wollten. Es war ihnen aber nicht möglich; denn die Dornen, als hätten sie Hände, hielten fest zusammen, und die Jünglinge blieben darin hängen, konnten sich nicht wieder losmachen und starben eines jämmerlichen Todes. Nach langen, langen Jahren kam wieder einmal ein Königssohn in das Land und hörte, wie ein alter Mann von der Dornhecke erzählte, es sollte ein Schloß dahinter stehen, in welchem eine wunderschöne Königstochter, Dornröschen genannt, schon seit hundert Jahren schliefe, und mit ihr schliefe der König und die Königin und der ganze Hofstaat. Er wußte auch von seinem Großvater, daß schon viele Königssöhne gekommen wären und versucht hätten, durch die Dornenhecke zu dringen, aber sie wären darin hängen geblieben und eines traurigen Todes gestorben. Da sprach der Jüngling: «Ich fürchte mich nicht, ich will hinaus und das schöne Dornröschen sehen.» Der gute Alte mochte ihm abraten, wie er wollte, er hörte nicht auf seine Worte.

Nun waren aber gerade die hundert Jahre verflossen, und der Tag war gekommen, wo Dornröschen wieder erwachen sollte. Als der Königssohn sich der Dornenhecke näherte, waren es lauter große schöne Blumen, die taten sich von selbst auseinander und ließen ihn unbeschädigt hindurch und hinter ihm taten sie sich wieder als eine Hecke zusammen. Im Schloßhof sah er die Pferde und scheckigen Jagdhunde liegen und schlafen; auf dem Dache saßen die Tauben und hatten das Köpfchen unter den Flügel gesteckt. Und als er ins Haus kam, schliefen die Fliegen an der Wand, der Koch in der Küche hielt noch die Hand, als wollte er den Jungen anpacken, und die Magd saß vor dem schwarzen Huhn, das sollte gerupft werden. Da ging er weiter und sah im Saale den ganzen Hofstaat liegen und schlafen, und oben bei dem Throne lag der König und die Königin. Da ging er noch weiter, und alles war so still, daß einer seinen Atem hören konnte, und endlich kam er zu dem Turm und öffnete die Türe zu der kleinen Stube, in welcher Dornröschen schlief. Da lag es und war so schön, daß er die Augen nicht abwenden konnte, und er bückte sich und gab ihm einen Kuß. Wie er es mit dem Kuß berührt hatte, schlug Dornröschen die Augen auf, erwachte und blickte ihn ganz freundlich an. Da gingen sie zusammen herab, und der König erwachte und die Königin und der ganze Hofstaat und sahen einander mit großen Augen an. Und die Pferde im Hof standen auf und rüttelten sich: die Jagdhunde sprangen und wedelten: die Tauben auf dem Dache zogen das Köpfchen unterm Flügel hervor, sahen umher und flogen ins Feld: die Fliegen an den Wänden krochen weiter: das Feuer in der Küche erhob sich, flackerte und kochte das Essen: der Braten fing wieder an zu brutzeln: und der Koch gab dem Jungen eine Ohrfeige, daß er schrie, und die Magd rupfte das Huhn fertig. Und da wurde die Hochzeit des Königssohns mit dem Dornröschen in aller Pracht gefeiert, und sie lebten vergnügt bis an ihr Ende.

Neben «Hänsel und Gretel» haben wir es hier wohl mit dem beliebtesten und bekanntesten Märchen zu tun: Jeder kennt das Lied vom Dornröschen; immer wieder muß man gerade dieses Märchen – sicher wegen der Zartheit der Bilder und der humoristischen Schilderungen – erzählen oder vorlesen. Auch alle Märchenforscher, einschließlich der Brüder Grimm, haben sich länger oder kürzer dazu geäußert. Unserer Meinung nach am überzeugendsten hat darüber Lüthi[1] geschrieben: Das Märchen erzähle von Tod und Auferstehung in der Natur und in der menschlichen Seele. Dornröschens Verzauberung im 15. Lebensjahr falle in den Zeitpunkt des Übergangs vom Kind zur Jungfrau, eine Dornenhecke scheine um den jungen Menschen zu wachsen und ihn nach außen abzuschirmen. Aber im Schutze solcher Zurückgezogenheit reife er heran und erwache er zu einem helleren Leben. Begnadung und Gefährdung schildere das Märchen in mehrfacher Variation: Die Feen würden dem Kinde zum Segen und zum Fluch; das königliche Schloß sei für Dornröschen Paradies und Gefängnis; der Todesschlaf sei ihm Bann und Schutz; die Dornenhecke könne töten und Blumen hervorbringen.

Das ist zweifelsohne eine tiefgehende Darstellung der Grundthematik. Einzeldeutungen jedoch möchte Lüthi umgehen.[2] Vielleicht hat ihn abgeschreckt, was in Ph. Stauffs «Märchendeutungen»[3] dazu steht: Der König sei die Sonne, die Königin der Mond, das Töchterchen die Erde, die Dornenhecke der harte Winter, die Spanne von 100 Jahren 100 Tage, die etwa unser Winter dauert. Lüthis Meinung kann aber nicht für alle Fälle gelten: Turm und alte Frau drängen zur Deutung. Man kann und sollte dabei vorsichtig zu Werke gehen, zumal sich Symbole, wie wir am Beispiel des Königs gleich sehen werden, in ihrer Wertigkeit ändern; man darf sich aber nicht (wie Obenauer) zu-

rückziehen auf die Aussage, dieses oder jenes Bild sei spielerisch-schmückende Zutat. Da höre man, was W. Grimm am Ende des 3. Bandes der Kinder- und Hausmärchen schreibt:
«Gemeinsam allen Märchen sind die Überreste eines in die älteste Zeit hinaufreichenden Glaubens, der sich in bildlicher Auffassung übersinnlicher Dinge ausspricht. Dies Mythische gleicht *kleinen Stücken* eines zersprungenen Edelsteines, die auf dem von Gras und Blumen überwachsenen Boden zerstreut liegen und nur von dem *schärfer blickenden Auge* entdeckt werden. Die Bedeutung davon ist längst verloren, aber sie wird noch empfunden und gibt dem Märchen seinen Gehalt, während es *zugleich* die natürliche Lust am Wunderbaren befriedigt; *niemals* sind sie *bloßes Farbenspiel gehaltloser Phantasie*» (Auszeichnungen vom Verf.).
Wollen wir also einige Einzelheiten auch hier betrachten[4]: Dornröschen ist ein wunderschönes Mädchen, es ist «so schön, daß der König vor Freude sich nicht zu lassen wußte». 12 weise Frauen beschenken es mit Tugend, Schönheit, Reichtum «und so mit allem, was auf der Welt zu wünschen ist». Der Zusatz «und so mit allem» kennzeichnet auch die weiteren Gaben als gleichwertig; dadurch wird das Mädchen zur Erscheinung des Vollkommenen, Vorbildhaften. Aus zwei Bemerkungen wird deutlich, daß Dornröschen nicht allein personal aufzufassen ist, das Geschehen nicht zuerst entwicklungspsychologisch verstanden werden soll. Zwar heißt es, die Königstochter werde sich im fünfzehnten Jahr an einer Spindel stechen (das läßt zweifellos noch eine psychologische Deutung zu), aber wenige Zeilen weiter wird die Zeit ausgedehnt auf 100 Jahre und also menschliche Spanne überschritten; zum andern weisen die Geschenke, grundsätzliche Werte bezeichnend, über das Normalmaß hinaus. Hier ist Wesenhaftes gemeint, zumal die 12 Frauen als weise bezeichnet werden, also auch auf eine andere Ebene führen. Bedenkt man, daß die Urfassung von Feen spricht, feindstofflichen Wesen, bedenkt man, daß Märchen und Sagen den Glauben an ein Geisterreich voraussetzen, das die ganze Natur und damit auch die menschliche durchwirkt[5] (so noch in Shakespeares «Sommernachtstraum» und vor allem in seinem letzten Drama «Der Sturm»), dann scheint es gar nicht abwegig, im Zusammenhang mit der Zahl 12 an die 12 Zeichen des Tierkreises zu denken als Darstellung verschiedenartiger Kräfte, Prinzipien.
Wir kennen den Streit um den Wert der Astrologie; Tatsache aber ist, daß sie seit Jahrtausenden gelehrt wird. Und wenn man erkennt, daß Märchen altes Wissen mit sich tragen, dann darf es nicht verwundern, wenn sie Vorstellungen auch aus diesem Bereich übermitteln. Um zu veranschaulichen, was gemeint sein kann, sei ein kurzes Kapitel eingeschoben: Die Astrologie lehrt, daß der Mensch bei seiner Geburt durch die Stellung der Sterne geprägt und auch weiterhin beeinflußt, nicht aber determiniert wird. Dabei ist wichtig zu wissen, daß die Sonne auf ihrem scheinbaren Weg an verschiedenen

Fixsternen vorüberzieht, die so gruppiert sind, daß sie 12 verschiedene Bilder ergeben (Widder, Stier, Zwillinge, Krebs usw.). Ihnen wird ein jeweils besonderer Einfluß zugeschrieben. Wenn also im Märchen von den 12 Wundergaben bei der Geburt gesprochen wird, dann kann es sehr wohl auch die Qualitäten meinen, die diese 12 Zeichen ermöglichen, zum Ereignis werden lassen, was als Gedanke bereits besteht.

Freilich scheint in diese Reihe zunächst nicht die 13. Frau zu passen. Bedenken wir aber doch, daß sie identisch ist mit der Alten im Turm, von der übrigens nichts Negatives gesagt wird. Man erschwert sich natürlich die Deutung, wenn man (wie Obenauer[6]) hineinliest, daß die Alte wenn nicht hexenhafte, so doch unheimliche Züge aufweise, und man von einer bösen Macht spricht, die Dornröschen bei seiner Geburt den Tod gewünscht hat. Erstens muß man einsehen, daß es sich natürlich rächt, wenn man solche Kraft, wie sie die 13. Fee darstellt, übergeht, aus dem Bewußtsein streicht, und daß diese dann natürlich als böse erscheint, wenn sie sich trotzdem Gehör verschafft; zweitens ergibt die entscheidende Stelle einen ganz anderen Grundton, wenn man sie unvoreingenommen liest:

«...und da saß in einem kleinen Stübchen eine alte Frau mit einer Spindel und spann emsig ihren Flachs. ‹Guten Tag, du altes Mütterchen›, sprach die Königstochter, ‹was machst du da?› – ‹Ich spinne›, sagte die Alte und nickte mit dem Kopf. ‹Was ist das für ein Ding, das so lustig herumspringt?› sprach das Mädchen, nahm die Spindel und wollte auch spinnen...»

Herrscht hier nicht heitere Stimmung, die sich in der Urfassung noch deutlicher ausspricht, wo dem Dornröschen die alte Frau «wohl gefällt» und es mit ihr «scherzt»?

Gewiß ist die 13 im landläufigen Aberglauben die Zahl des Unglücks, der Gefahr, gleicht die 13. Fee, die da abgeschieden in einem Turm sitzt und ihren Flachs spinnt, einer Norne, die das Schicksal spinnt. Wir wissen aber auch, daß diese Zahl bei andern Völkern und zu andern Zeiten als Glückszahl, als Abrundung, Verbindung und Überhöhung der 12 galt, daß z. B. Christus als der 13. beim Abendmahl zugegen ist, Karl der Große mit seinen 12 Paladinen, Artus mit den 12 Gralsrittern herrscht[7].

Es kommt offensichtlich, wollen wir das auf unser Märchen übertragen, ganz auf den Reifegrad an, inwiefern Schicksal anerkannt und angenommen wird, auch wenn es hart erscheint. Die 13. Tarotkarte (Der Tod) sagt: «Wer die Leiden auf sich nimmt, indem er sich dem göttlichen Werk weiht, fürchtet den Tod nicht... Auf alle Entwicklung und Prüfung folgt zuletzt immer der Tod, aber er bedeutet nicht das Ende unseres Körpers, sondern nur den Übergang auf einen anderen Plan, eine andere Ebene. Er ist also Ende und Anfang zugleich... Er ist der große Wandler... Er bedeutet Freiheit, Vergeistigung, Entmaterialisation.» Dornröschen jedenfalls begegnet seinem Schicksal, im Gegensatz zu den übrigen, heiter, gelassen, vertrauensvoll; begibt sich, nachdem es das ganze Schloß erforscht, von innen kennengelernt hat, in den Turm wie in ein geheimes Zentrum, das es ergründen will, zum Ort der 13, wird eingeschlossen in die 12 Strahlungen, die schon während der Kindheit an ihm wirksam wurden und nun zur Reife führen. Dabei hilft die 12. Fee. Sie kann zwar den Spruch nicht aufheben, aber mildern. Hier scheint bedeutend, daß gerade die 12. Frau solches erledigt. Schlagen wir in einem maßgeblichen astrologischen Werk nach[8], so finden wir: «Das 12. Haus ist ... ein okkultes Haus; als solches bedeutet es die Vernichtung des Ichs, Einkehr, Umkehr ..., Wiedergeburt, Erlösung; Zustände, die ja bekanntlich nur durch großes Leid bedingt werden.» Es ist das Haus des Karmas und damit dem Schicksal aufs engste verbunden; beide dienen der Entwicklung des Ichs, wobei, und das scheint mit mildernder Kraft gemeint, der Wille des Individuums stets verbessernd eingreifen kann unter der Voraussetzung, daß dem Schicksal bejahend und nicht ängstlich begegnet wird.

In diesem Zusammenhang wird auch erklärbar der Frosch, der eingangs des Märchens die Geburt einer Tochter ankündigt. In der Urfassung ist vom Krebs die Rede, der aus dem Wasser ans Land kriecht. Dadurch wird das Bild erst faßbar: Dem Wasserzeichen Krebs nämlich (Wasser ist bei allen Völkern Symbol der Fruchtbarkeit) sind Geburt, Mutterschaft und Mütterlichkeit zugeordnet. In diesem Zeichen herrscht der Mond: er gilt als die plastische, formgebende Kraft der Materie. Schmitz schreibt dazu: «Er ist ... nicht allein das Symbol der stofflich gebärenden Fruchtbarkeit, sondern der Fruchtbarkeit in einem höheren Sinn ... Durch den Mond vermögen wir erst zu *erleben,* was wir erkennen, wollen und fühlen[9].»

Wir sehen also, daß selbst solche scheinbare Nebensächlichkeit im Grunde keine Spielerei der Phantasie ist, sondern in engstem Zusammenhang steht mit dem Ganzen.

Wir sprachen von Dornröschens Gang in den Turm; der Weg führt auf enger Wendeltreppe (welch anschauliches Bild für Wandel in höherführender Spiralenform!) zur alten Frau, unbeachtet, unvermutet, wie das Schicksal kommt.

Der König glaubt, das «Unglück» abwenden zu können, indem er alle Spindeln verbrennen läßt. Er aber durchschaut den inneren Zusammenhang nicht, verläßt sich auf äußere Maßnahmen und Verordnungen, hält das Kind für gesichert durch seine eigene Macht. Er erkennt nicht, daß Schicksal auch bei genauester Planung nicht immer berechenbar ist. Wie anders ist sonst der Umstand zu verstehen, daß er gerade am entscheidenden Tag außer Hause ist. Doch sollten wir diesem Gedanken keinen allzu großen Wert beimessen (seine Rolle hier ist im Vergleich zum «Froschkönig» letztlich unbedeutend; das beweist allein der Umfang, in dem er hier – 4 Zeilen – und dort – 17 Zeilen – handelnd eingreift); es geht dem Erzähler doch wohl in erster Linie darum, daß Dornröschen gerade an diesem Tag allein ist, sein Leben nunmehr selbst gestalten, sein Schicksal selbst erfahren soll, gerade dann, wenn man es am wenigsten vermutet.

Noch mehr: Die Handlung wird jetzt in den Turm verlegt. Das Kind scheint dort durch die 13. Frau getötet, und mit ihm schläft alles ein, auch der König; alles Lebendige bis hin zur Fliege an der Wand erstarrt. Noch einmal wird deutlich, wie Dornröschen aufzufassen ist, nicht als Person – wer hätte solche Macht, solchen Einfluß –, sondern als eine lebenspendende Kraft, die durch Schicksal geprägt und, wie der Leser weiß, eben nicht tot ist, sondern zur Reifung geführt wird durch Innenschau und Erhöhung. Der Turm schließt ein, kapselt ab gegenüber der Umwelt, führt in die Einsamkeit, damit in die Tiefe der Seele. Sehr anschaulich schildert diesen Prozeß «Jungfrau Maleen»:

«Als sie nur noch für kurze Zeit Nahrung hatten und einen jämmerlichen Tod voraussahen, da sprach die Jungfrau Maleen: ‹Wir müssen das letzte versuchen und sehen, ob wir die Mauer durchbrechen.› Sie nahm das Brotmesser, grub und bohrte an dem Mörtel eines Steins, und wenn sie müd' war, so löste sie die Kammerjungfer ab. Nach langer Arbeit gelang es ihnen, einen Stein herauszunehmen, dann einen zweiten und dritten, und nach drei Tagen fiel der erste Lichtstrahl in ihre Dunkelheit, und endlich war die Öffnung so groß, daß sie hinaussehen konnten. Der Himmel war blau, und eine frische Luft wehte ihnen entgegen, aber wie traurig sah rings umher alles aus: das Schloß ihres Vaters lag in Trümmern, die Stadt und die Dörfer waren, soweit man sehen konnte, verbrannt, die Felder weit und breit verheert: keine Menschenseele ließ sich erblikken.»

Durch harte, mühsame Arbeit gelingt der Durchbruch, die Beseitigung der Dunkelheit. Welch ein freier Ausblick dann: blauer Himmel, frische Luft – ein neues Leben. Das Vergangene ist überwunden, abgestreift; die Seele hat sich gelöst von allen Bindungen. So gesehen, wird der Turm zum Ort des Ausblicks und Überblicks, im «Dornröschen» gewonnen in Stille und Vertrauen, dargestellt als ein verborgener Prozeß, von dem nur noch wenige etwas ahnen.

Die eigentliche Frage jedoch ist, weshalb Dornröschen, das in der Anlage vollkommen Schöne, Reiche, diesen Schlaf tun muß. Weil auch das Schöne, Mächtige sich nicht vom Schicksal ausschließen kann. Auch Dornröschen ist ihm unterstellt, dem Gesetz des Werdens und der Wandlung unterworfen. Es fragt nicht, wehrt sich nicht (wie der König), sondern begibt sich in sein Innerstes, wie sich Christus ihm unterstellt, sein Schicksal annimmt. Leid und Vereinsamung, dargestellt durch Dornen und dichte Dornenhecke, müssen durchgestanden werden; nur so kommt das Edle, gezeigt im Bild der Rose, das Leitbildhafte zur höchsten Entfaltung. Denn, das muß noch einmal hervorgehoben werden, Dornröschen wird durch die 13. Fee nicht getötet, sondern erhöht. Wenn die Stunde gekommen, die Reifung nach langer Zeit abgeschlossen ist, kann der Königssohn durch einen Kuß, durch liebevolle Zuwendung, neues Leben schenken, d.h. die alte Ordnung wiederherstellen, die durch Dornröschens Schlaf zerfallen war.

Dieser Schlaf ist Hinweis auf Erstarrung, die vom Zentrum, von der Seele des ganzen Hofstaats, das sonst alles belebt, ausgeht und auf die gesamte Lebensgemeinschaft übergreift.[10] Deutlich gibt der Text auch in diesem Zusammenhang an, in welche Richtung zu denken ist: «Und der Wind legte sich, und auf den Bäumen vor dem Schloß regte sich kein Blättchen mehr.» Hier dient der Wind als Zeichen des Geistes, wie er etwa auch in der Schilderung des Pfingstfestes (Apostelgeschichte 2) erscheint.

Je länger die Erstarrung anhält, desto höher wächst die Dornenhecke, wachsen Leid (viele Jünglinge verlieren darin ihr Leben) und Unwissenheit (nur eine Sage verkündet noch von Dornröschen), bis selbst die Fahne auf dem Dach – ein von Grimm hinzugefügtes Zeichen der Herrschaft – verschwindet.

Der Schlaf ist andererseits ein Vorgang der Reifung und Verwandlung der Seele und des Geistes. Aber: Ihre Neugeburt zu genauer Stunde kommt nicht auf einmal und gleich über alle. Die Rosen tun sich nach des Königssohns Durchtritt wieder als Hecken zusammen. Die Erweckung beginnt gewissermaßen zunächst im inneren Kreis. Dann erst folgen schrittweise der König und die Königin, der Hofstaat; das zieht sich wieder hinab bis zu großen und kleinen Tieren, bis ins materielle Geschehen in der Küche. In realistischem Humor verbindet der Erzähler, was vorübergehend und notwendig getrennt war:

«Da gingen sie zusammen herab, und der König erwachte und die Königin und der ganze Hofstaat und sahen einander mit großen Augen an. Und die Pferde im Hof standen auf und rüttelten sich: die Jagdhunde sprangen und wedelten: die Tauben auf dem Dache zogen das Köpfchen unterm Flügel hervor, sahen umher und flogen ins Feld: die Fliegen an den Wänden krochen weiter: das Feuer in der Küche erhob sich, flackerte und kochte das Essen: der Braten fing wieder an zu brutzeln: und der Koch gab dem Jungen eine Ohrfeige, daß er schrie, und die Magd rupfte das Huhn fertig...»

Kurze Märchen

Ein Blick auf kürzere Märchen, ein bis zwei Taschenbuchseiten lang, soll zeigen, daß auch sie nicht nur aus bloßer Freude am Erzählen entstanden sind, daß vielmehr auch hier, freilich nicht so umfassend und vielfältig verflochten wie in den längeren volkstümlicheren Formen, wertvolles Wissen weitergereicht wird. Bei der Deutung läßt sich nicht vermeiden, daß bereits behandelte Motive und Bilder noch einmal kurz besprochen werden; im Grundsätzlichen aber bringen die gewählten Beispiele neue Gedanken. Sie sollen anregen, auch unbekanntere Märchen, seien sie kurz oder lang, ernsthaft zu durchdenken.

Der süße Brei

Es war einmal ein armes frommes Mädchen, das lebte mit seiner Mutter allein, und sie hatten nichts mehr zu essen. Da ging das Kind hinaus in den Wald, und begegnete ihm da eine alte Frau, die wußte seinen Jammer schon und schenkte ihm ein Töpfchen, zu dem sollt' es sagen: «Töpfchen, koche», so kochte es guten süßen Hirsenbrei, und wenn es sagte: «Töpfchen steh», so hörte es wieder auf zu kochen. Das Mädchen brachte den Topf seiner Mutter heim, und nun waren sie ihrer Armut und ihres Hungers ledig und aßen süßen Brei, sooft sie wollten. Auf eine Zeit war das Mädchen ausgegangen, da sprach die Mutter: «Töpfchen, koche», da kocht es, und sie ißt sich satt; nun will sie, daß das Töpfchen wieder aufhören soll, aber sie weiß das Wort nicht. Also kocht es fort, und der Brei steigt über den Rand hinaus und kocht immer zu, die Küche und das ganze Haus voll, und das zweite Haus und dann die Straße, als wollt's die ganze Welt satt machen, und ist die größte Not, und kein Mensch weiß sich da zu helfen. Endlich, wie nur noch ein einziges Haus übrig ist, da kommt das Kind heim und spricht nur: «Töpfchen, steh», da steht es und hört auf zu kochen; und wer wieder in die Stadt wollte, der mußte sich durchessen.

Der süße Brei

Zwei Motive bauen diesen Text auf: Zunächst das Motiv des Schenkens. In karger Zeit begegnet ein armes, aber frommes Mädchen einer alten Frau. Aus der Bemerkung «die wußte seinen Jammer schon» ergibt sich eine überlegene, übergeordnete Stellung dieser Person, ähnlich der Frau Holle[1]; ihr Geschenk ist nicht alltäglich, aber grundlegend. Es ist ein Zaubertöpfchen, das kindlicher Unschuld überreicht wird. Es schenkt Hirsebrei, einfache, aber ursprüngliche, wertvolle Nahrung; das meint Nahrung insgesamt (wie Brot in anderen Märchen).

Solches Geschenk, ohne Wissen genutzt, führt in größte Not: Das Motiv der Ohnmacht prägt den zweiten Teil dieses Märchens[2]. Es wäre übertrieben zu sagen, diese Not sei, wie etwa in Goethes Ballade «Der Zauberlehrling», Ergebnis einer niederen Magie, entstanden aus übersteigertem Selbstwertgefühl, Vermessenheit oder Machtrausch. In unserem Märchen gibt es keine feierlichen Beschwörungsformeln, wird nicht psychologisiert (keine Darstellung von Wonnegefühlen, Wut, Angst und Niedergeschlagenheit), auch nicht belehrt. Es ist ganz schlichte Darstellung einer Handlung mit verheerenden Folgen, da nur ein Teil der Formel gewußt und angewandt wird. Anwenden und befreien kann nur der, der die Verbindung zur anderen Welt hat, in diesem Falle das fromme, unschuldige Kind. Es spricht *nur*: «Töpfchen, steh», da steht es und hört auf zu kochen, ist wieder unter Kontrolle gebracht und weiterer, letzter Schaden abgewendet. Angerichtetes Unheil bleibt, muß verkraftet werden: « . . . und wer wieder in die Stadt wollte, der mußte sich durchessen.»

Das Märchen erzählt uns also vom reich beschenkten Menschen, der halbes Wissen anwendet und damit Gemeinschaft fast ganz zerstört; es zeigt aber gleichzeitig, wie nur unschuldige, d.h. ohne Eigennutz eingesetzte Kräfte, die in Verbindung mit einer höheren Macht stehen, aus der Not befreien können.

Von dem Mäuschen, Vögelchen und der Bratwurst

Es waren einmal ein Mäuschen, ein Vögelchen und eine Bratwurst in Gesellschaft geraten, hatten einen Haushalt geführt, lange wohl und köstlich im Frieden gelebt und trefflich an Gütern zugenommen. Des Vögelchens Arbeit war, daß es täglich im Wald fliegen und Holz beibringen müßte. Die Maus sollte Wasser tragen, Feuer anmachen und den Tisch decken, die Bratwurst aber sollte kochen.

Wem zu wohl ist, den gelüstet immer nach neuen Dingen! Also eines Tages stieß dem Vöglein unterwegs ein anderer Vogel auf, dem es seine treffliche Gelegenheit erzählte und rühmte. Derselbe andere Vogel schalt es aber einen armen Tropf, der große Arbeit, die beiden zu Haus aber gute Tage hätten. Denn, wenn die Maus ihr Feuer angemacht und Wasser getragen hatte, so begab sie sich in ihr Kämmerlein zur Ruhe, bis man sie hieß, den Tisch decken. Das Würstlein blieb beim Hafen, sah zu, daß die Speise wohl kochte, und wenn es bald Essenszeit war, schlingte es sich ein mal viere durch den Brei oder das Gemüs', so war es geschmalzen, gesalzen und bereitet. Kam dann das Vöglein heim und legte seine Bürde ab, so saßen sie zu Tisch, und nach gehabtem Mahl schliefen sie sich die Haut voll bis den andern Morgen; und das war ein herrlich Leben.

Das Vöglein anderes Tages wollte aus Anstiftung nicht mehr ins Holz, sprechend, es wäre lang genug Knecht gewesen und hätte gleichsam ihr Narr sein müssen; sie sollten einmal umwechseln und es auf eine andere Weise auch versuchen. Und wiewohl die Maus und auch die Bratwurst heftig dafür bat, so war der Vogel doch Meister: es mußte gewagt sein, spieleten derowegen, und kam das Los auf die Bratwurst, die mußte Holz tragen; die Maus ward Koch, und der Vogel sollte Wasser holen.

Was geschieht? Das Bratwürstchen zog fort gen Holz, das Vöglein machte Feuer an, die Maus stellte den Topf zu, und erwarteten allein, bis Bratwürstchen heimkäme und Holz für den andern Tag brächte. Es blieb aber das Würstlein so lang unterwegs, daß ihnen beiden nichts Gutes vorkam, und das Vöglein ein Stück Luft hinaus entgegenflog. Unfern aber findet es einen Hund am Weg, der das arme Bratwürstlein als freie Beut' angetroffen, angepackt und niedergemacht. Das Vöglein beschwerte sich auch dessen als eines offenbaren Raubes sehr gegen den Hund, aber es half kein Wort; denn, sprach der Hund, er hätte falsche Briefe bei der Bratwurst gefunden, deswegen wäre sie ihm des Lebens verfallen gewesen.

Das Vöglein, traurig, nahm das Holz auf sich, flog heim und erzählte, was es gesehn und gehöret. Sie waren sehr betrübt, verglichen sich aber, das Beste zu tun und beisammen zu bleiben. Derowegen so deckte das Vöglein den Tisch, und die Maus rüstete das Essen und wollte anrichten und in den Hafen wie zuvor das Würstlein durch das Gemüs' schlingen und schlupfen, dasselbe zu schmelzen: aber ehe sie in der Mitte kam, ward sie angehalten und mußte Haut und Haar und dabei das Leben lassen.

Als das Vöglein kam und wollte das Essen auftragen, da war kein Koch vorhanden. Das Vöglein warf bestürzt das Holz hin und her, rufte und suchte, konnte aber seinen Koch nicht mehr finden. Aus Unachtsamkeit kam das Feuer in das Holz, also daß eine Brunst entstand; das Vöglein eilte, Wasser zu langen; da entfiel ihm der Eimer in den Brunnen und es mit hinab, daß es sich nicht mehr erholen konnte und da ersaufen mußte.

Von dem Mäuschen, Vögelchen und der Bratwurst

In diesem Märchen geht es um die rechte Ordnung innerhalb einer Lebensgemeinschaft. Wenn jeder an seinem Platze steht und bleibt, die Arbeit sinnvoll verteilt ist, herrscht nicht nur Frieden, sondern vermehrt sich auch der Besitz. In dem Augenblick, wo diese natürliche Ordnung, die gemäß Veranlagung und Können gewachsen ist, gestört oder gar zerstört wird, bricht der gesamte Haushalt zusammen, ist jeder einzelne plötzlich gefährdet und nicht mehr lebensfähig (die Bratwurst wird im Wald gefressen, die Maus ertrinkt in der Suppe, der Vogel stürzt in den Brunnen). Eine Beschwerde ist fruchtlos, denn die Kraft der Gemeinsamkeit, der gegenseitigen Hilfeleistung ist verloren. Auch eine Neuverteilung nach bestem Wollen kann, wie wir nach dem Tod der Bratwurst sehen, nichts mehr retten, da wesensfremde Aufgaben zumindest mitübernommen werden müssen, d.h. nicht vollwertig durchgeführt werden können. Es ist ein Loch in der Gemeinschaft, der Untergang damit besiegelt.

Nicht übersehen werden darf, daß selbst dieses kleine Märchen zu solchen sozialen Gegebenheiten offenbar noch einen Überbau bringt: Vogel, Maus und Bratwurst vertreten die drei Elemente Luft, Wasser und Feuer, die zusammen mit dem vierten Element Erde irdisches Leben ermöglichen, den «Haushalt», die «Gesellschaft» in Ordnung halten so lange, wie die Naturgesetze beachtet werden. Gibt es ein Loch, d.h. greift man in diesen Haushalt der Natur ein, entsteht eine Katastrophe.

Woher kommt das Loch? Der Erzähler nennt den Grund selbst: «Wem zu wohl ist, den gelüstet immer nach neuen Dingen.» Verantwortlich macht er einen anderen Vogel, ein geistiges Prinzip. Eine Stimme wendet sich gegen den bisherigen Ablauf, obwohl er sich bewährt hat. Plötzlich macht sich Unzufriedenheit breit durch die Einflüsterung, der gleichmäßige Gang sei langweilig und übervorteile außerdem. Man müsse verändern, Neues ausprobieren, Fortschritt um jeden Preis erzielen. Doch alles kehrt sich um: Sitzen eben alle noch an vollen Tischen, schlafen sich die Haut voll bis an den Morgen, führen ein herrliches Leben, so entstehen jetzt sehr bald Ratlosigkeit und danach Flickwerk.

Dieser Text wendet sich natürlich nicht gegen Veränderung, Verbesserung von bestehenden Verhältnissen; er wendet sich gegen Fortschritt um des Fortschritts willen, gegen den Glauben, man müsse etwas tun, nur weil der menschliche Geist es kann, ohne zu fragen, ob es nützt. Er wendet sich insbesondere gegen Eingriffe, die nicht den Naturgesetzen folgen.

Schlimm ist das Ende dieses Märchens, da nach vorhersehbaren Fehlschlägen gar nicht mehr nach Leistungsfähigkeit gefragt wird, sondern das Los entscheidet. Nicht viele Märchen enden so in Vernichtung. Aber auch das gehört zur Wahrheit.

Herr Korbes

Es war einmal ein Hühnchen und ein Hähnchen, die wollten zusammen eine Reise machen. Da baute das Hähnchen einen schönen Wagen, der vier rote Räder hatte, und spannte vier Mäuschen davor. Das Hühnchen setzte sich mit dem Hähnchen auf, und sie fuhren miteinander fort. Nicht lange, so begegnete ihnen eine Katze, die sprach: «Wo wollt ihr hin?» Hähnchen antwortete:

«Als hinaus
nach des Herrn Korbes seinem Haus».

«Nehmt mich mit», sprach die Katze. Hähnchen antwortete: «Recht gerne, setz dich hinten auf, daß du vornen nicht herabfällst.

Nehmt euch wohl in acht
daß ihr meine roten Räderchen nicht schmutzig macht.
Ihr Räderchen, schweift,
ihr Mäuschen pfeift,
als hinaus
nach des Herrn Korbes seinem Haus.»

Danach kam ein Mühlstein, dann ein Ei, dann eine Ente, dann eine Stecknadel und zuletzt eine Nähnadel, die setzten sich auch alle auf den Wagen und fuhren mit. Wie sie aber zu des Herrn Korbes Haus kamen, so war der Herr Korbes nicht da. Die Mäuschen fuhren den Wagen in die Scheune, das Hühnchen flog mit dem Hähnchen auf eine Stange, die Katze setzte sich ins Kamin, die Ente in die Bornstange, das Ei wickelte sich ins Handtuch, die Stecknadel steckte sich ins Stuhlkissen, die Nähnadel sprang aufs Bett mitten ins Kopfkissen, und der Mühlstein legte sich über die Türe. Da kam der Herr Korbes nach Haus, ging ans Kamin und wollte Feuer anmachen: Da warf ihm die Katze das Gesicht voll Asche. Er lief geschwind in die Küche und wollte sich abwaschen: Da sprützte ihm die Ente Wasser ins Gesicht. Er wollte sich an dem Handtuch abtrocknen, aber das Ei rollte ihm entgegen, zerbrach und klebte ihm die Augen zu. Er wollte sich ruhen und setzte sich auf den Stuhl: Da stach ihn die Stecknadel. Er geriet in Zorn und warf sich aufs Bett, wie er aber den Kopf aufs Kissen niederlegte, stach ihn die Nähnadel, so daß er aufschrie und ganz wütend in die weite Welt laufen wollte. Wie er aber an die Haustür kam, sprang der Mühlstein herunter und schlug ihn tot.

Noch ein Märchen sei betrachtet, das als Thema Vernichtung hat, jetzt eines einzelnen. Allerdings stellt sich zunächst die Frage, weshalb dieser Herr Korbes so gezielt verfolgt und so gnadenlos getroffen wird. Drei Umstände machen die Antwort schwierig: Die Titelfigur wird als Herr bezeichnet; der Leser erfährt auch nicht andeutungsweise, was dieser Mensch so verkehrt gemacht hat; und jeder wird sich des Märchens «Das Lumpengesindel» erinnern, in dem gleiche «Personen» einem Wirt übel mitspielen, ohne ihn allerdings zu töten.
Gerade der Vergleich mit dem verwandten Text ergibt entscheidende Unterschiede: Keiner versucht, den andern zu übervorteilen, ihm zu Leibe zu rücken, ihn zu beherrschen. Alles geht friedlich zu. Das Hähnchen übernimmt eine natürliche Führung, baut einen «schönen Wagen» und achtet sehr darauf, daß nichts beschmutzt wird. Fürsorglich kümmert es sich um die Sicherheit der Katze, weise auch um die der Mäuse, wenn sie die sonst Verfeindeten trennt. Durch diese klaren Anordnungen und Vorsichtsmaßnahmen – das geht wie selbstverständlich und in schneller Abfolge vor sich – ergibt sich eine einheitliche Gruppe. Sie hat ein einziges Ziel, das von Anfang an feststeht: Herrn Korbes zu treffen.
Wichtig für die positive Beurteilung der Tiere ist außerdem der letzte Vers in einer anderen Fassung:

«Der Wagen schnurrt,
das Mäuschen pfeift,
der Hahn der schüttelt seinen Bart,
das Ding hat eine gute Art.»

Wir haben es hier offensichtlich mit einem Gegenmärchen zum «Lumpengesindel» zu tun, in dem nicht die handelnden Figuren angeprangert werden sollen, sondern Herr

Korbes als Titelfigur und damit als Zielpunkt erscheint.
Auf ihn fährt etwas zu; da gerät etwas ins Rollen; «rote Räder» verraten nichts Gutes für ihn. Und «als hinaus» (in Wiederholung) weist hin auf das Unaufhaltsame, Unerbittliche. Es ist, als ob sich alles zusammenballt. Scheinbar Entlegenstes verbindet sich: Lebewesen mit Dingen, Spitzes mit Rundem, Leichtes mit Schwerem, Hartes mit Weichem, Männliches mit Weiblichem. Es bildet sich eine Kausalkette, alles greift ineinander, handelt nacheinander mit Methode. Die an sich harmlosen und nützlichen Tiere bzw. Dinge werden zu Feinden des Herrn Korbes. Die Fahrt geht dahin, wo er wohnt, wo er wirkt. Ist er nicht gleich zur Stelle, es trifft ihn doch, früher oder später, und dieses Treffen heißt dann konsequent Aufstören und damit Zerstören.
Wer ist dieser Herr Korbes? Man kann bei der Namengebung an «Korb» denken (lat. corbis = Rückentrage, Korb), an das Einengende, Einverleibende, wie es das Märchen «Fitchers Vogel» sieht. Rein Körperliches, Materielles mag gemeint sein, das allerdings angegriffen werden muß, wenn es sich zum Herren macht, den Menschen beherrscht.
Grundsätzlich gilt, was die Gebrüder Grimm im letzten Satz ergänzend erläutern: «Der Herr Korbes muß ein recht böser Mann gewesen sein.» Das ist der bleibende Eindruck dieses Märchens: Etwas Böses wird verfolgt, findet keine Ruhe mehr, bis es getilgt ist. Um es zu bekämpfen, wird eine gezielte und geordnete Solidarisierung vorausgesetzt, ist wichtig ein starker, gerichteter Wille, wie er sich – wir zitieren noch einmal – in den «roten Rädern» ankündigt; wird schließlich äußerste Beharrlichkeit gefordert.

Die Wassernixe

Ein Brüderchen und ein Schwesterchen spielten an einem Brunnen, und wie sie so spielten, plumpten sie beide hinein. Da war unten eine Wassernixe, die sprach: «Jetzt habe ich euch, jetzt sollt ihr mir brav arbeiten», und führte sie mit sich fort. Dem Mädchen gab sie verwirrten, garstigen Flachs zu spinnen, und es mußte Wasser in ein hohles Faß schleppen, der Junge aber sollte einen Baum mit einer stumpfen Axt hauen; und nichts zu essen bekamen sie als steinharte Klöße. Da wurden zuletzt die Kinder so ungeduldig, daß sie warteten, bis eines Sonntags die Nixe in der Kirche war, da entflohen sie. Und als die Kirche vorbei war, sah die Nixe, daß die Vögel ausgeflogen waren, und setzte ihnen mit großen Sprüngen nach. Die Kinder erblickten sie aber von weitem, und das Mädchen warf eine Bürste hinter sich, das gab einen großen Bürstenberg mit tausend und tausend Stacheln, über den die Nixe mit großer Müh' klettern mußte; endlich aber kam sie doch hinüber. Wie das die Kinder sahen, warf der Knabe einen Kamm hinter sich, das gab einen großen Kammberg mit tausend mal tausend Zinken, aber die Nixe wußte sich daran festzuhalten und kam zuletzt doch drüber. Da warf das Mädchen einen Spiegel hinterwärts, welches einen Spiegelberg gab, der war so glatt, so glatt, daß sie unmöglich drüber konnte. Da dachte sie: «Ich will geschwind nach Haus gehen und meine Axt holen und den Spiegelberg entzwei hauen.» Bis sie aber wiederkam und das Glas aufgehauen hatte, waren die Kinder längst weit entflohen, und die Wassernixe mußte sich wieder in ihren Brunnen trollen.

Das Märchen erzählt von zwei eng zusammengehörigen Wesen, von Bruder und Schwester, der Polarität von Männlichem und Weiblichem, das sich bewahren, tätig bleiben, jede Trennung, auch in äußerster Gefahr, verhindern muß[4]. Es ist eine psychologische Studie, das Unterbewußte, sicher auch die Menschwerdung in der Pubertät betreffend. Die Wassernixe verkörpert Verführung, das Betörende, Verlockende, in deren Gewalt der Mensch gerät. Die Tätigkeit in dieser Welt, in diesem Zustand ist verwir-

rend, garstig, sinnwidrig. Man kann und muß solches Dasein überwinden, wenn der passende Zeitpunkt, der Sonntag, der Glückstag, gekommen ist.

Feinsinnig zeigt der Erzähler, wie die beiden in wechselnder Folge sich gegenseitig unterstützen, wobei das Mädchen zwar führt, aber immer die Rettung beider im Auge behalten wird. Die Mittel zur Rettung und Abwehr scheinen zufällig gewählt. Doch dienen diese drei Gegenstände dem planmäßigen Entwirren und Ordnen des Haares (das meint des Kopfes, des Geistes) nach der Nacht (da der Mensch aus unreflektiertem Dasein – aus Brunnentiefe – erwacht), um sich sonntags (am Tag des Gottesdienstes) zu befreien: erst mit der Bürste, dann mit dem Kamm, schließlich mit dem Spiegel, der wiedergibt, ob der Kopf klar ist, ob die Lösung aus der Umklammerung der Nixe, der Nacht, gelungen ist, eigentliche Menschwerdung, d.h. selbstverantwortliches Leben begonnen hat (die Vögel waren ausgeflogen!). Solange die Seele nicht ganz rein ist (deine Seele soll wie ein Spiegel sein), bleibt versteckt lauernd die Gefahr. Die endgültige Befreiung gelingt eben erst, wenn Fühlen, Denken und Wollen glatt wie ein Spiegel und demzufolge unanfechtbar sind: Da verzerrt sich nichts mehr, da gleitet die Gefahr ab, hat sie keine Macht mehr:

«...und die Wassernixe mußte sich wieder in ihren Brunnen trollen.»

Fitchers Vogel

Es war einmal ein Hexenmeister, der nahm die Gestalt eines armen Mannes an, ging vor die Häuser und bettelte und fing die schönen Mädchen. Kein Mensch wußte, wo er sie hinbrachte; denn sie kamen nie wieder zum Vorschein. Eines Tages erschien er vor der Türe eines Mannes, der drei schöne Töchter hatte, sah aus wie ein armer schwacher Bettler und trug eine Kötze auf dem Rücken, als wollte er milde Gaben darin sammeln. Er bat um ein bißchen Essen, und als die älteste herauskam und ihm ein Stück Brot reichen wollte, rührte er sie nur an, und sie mußte in seine Kötze springen. Darauf eilte er mit starken Schritten fort und trug sie in einen finstern Wald zu seinem Haus, das mitten darin stand. In dem Haus war alles prächtig: er gab ihr, was sie nur wünschte, und sprach: «Mein Schatz, es wird dir wohl gefallen bei mir, du hast alles, was dein Herz begehrt.» Das dauerte ein paar Tage, da sagte er: «Ich muß fortreisen und dich eine kurze Zeit allein lassen, da sind die Hausschlüssel, du kannst überall hingehen und alles betrachten, nur nicht in eine Stube, die dieser kleine Schlüssel da aufschließt, das verbiet' ich dir bei Lebensstrafe.» Auch gab er ihr ein Ei und sprach: «Das Ei verwahre mir sorgfältig und trag es lieber beständig bei dir; denn ginge es verloren, so würde ein großes Unglück daraus entstehen.» Sie nahm die Schlüssel und das Ei und versprach, alles wohl auszurichten. Als er fort war, ging sie in dem Haus herum von unten bis oben und besah alles: die Stuben glänzten von Silber und Gold, und sie meinte, sie hätte nie so große Pracht gesehen. Endlich kam sie auch zu der verbotenen Tür, sie wollte vorübergehen, aber die Neugierde ließ ihr keine Ruhe. Sie besah den Schlüssel, er sah aus wie ein anderer, sie steckte ihn ein und drehte ein wenig, da sprang die Türe auf. Aber was erblickte sie, als sie hineintrat? Ein großes blutiges Becken stand in der Mitte, und darin lagen tote zerhauene Menschen, daneben stand ein Holzblock, und ein blinkendes Beil lag darauf. Sie erschrak so sehr, daß das Ei, das sie in der Hand hielt, hineinplumpte. Sie holte es wieder heraus und wischte das Blut ab, aber vergeblich, es kam den Augenblick wieder zum Vorschein; sie wischte und schabte, aber sie konnte es nicht herunterkriegen. Nicht lange, so kam der Mann von der Reise zurück, und das erste, was er forderte, war der Schlüssel und das Ei. Sie reichte es ihm hin, aber sie zitterte dabei, und er sah gleich an den roten Flecken, daß sie in der Blutkammer gewesen war. «Bist du gegen meinen Willen in die Kammer gegangen», sprach er, «so sollst du gegen deinen Willen wieder hinein. Dein Leben ist zu Ende.» Er warf sie nieder, schleifte sie an den Haaren hin, schlug ihr das Haupt auf dem Blocke ab und zerhackte sie, daß ihr Blut auf dem Boden dahinfloß. Dann warf er sie zu den übrigen ins Becken.

«Jetzt will ich mir die zweite holen», sprach der Hexenmeister, ging wieder in Gestalt eines armen Mannes vor das Haus und bettelte. Da brachte ihm die zweite ein Stück Brot; er fing sie wie die erste durch bloßes Anrühren und trug sie fort. Es erging ihr nicht besser als ihrer Schwester: sie ließ sich von ihrer Neugierde verleiten, öffnete die Blutkammer und schaute hinein und mußte es bei seiner Rückkehr mit dem Leben büßen. Er ging nun und holte die dritte, die aber war klug und listig. Als er ihr die Schlüssel und das Ei gegeben hatte und fortgereist war, verwahrte sie das Ei erst sorgfältig, dann besah sie das Haus und ging zuletzt in die verbotene Kammer. Ach, was erblickte sie! Ihre beiden lieben Schwestern lagen da in dem Becken jämmerlich ermordet und zerhackt. Aber sie hub an und suchte die Glieder zusammen und legte sie zurecht, Kopf, Leib, Arme und Beine. Und als nichts mehr fehlte, da fingen die Glieder an sich zu regen und schlossen sich aneinander, und beide Mädchen öffneten die Augen und waren wieder lebendig. Da freuten sie sich, küßten und herzten einander. Der Mann forderte bei seiner Ankunft gleich Schlüssel und Ei, und als er keine Spur von Blut daran entdecken konnte, sprach er: «Du hast die Probe bestanden, du sollst meine Braut sein.» – Er hatte jetzt keine Macht mehr über sie und mußte tun, was sie verlangte. «Wohlan», antwortete sie, «du sollst vorher einen Korb voll Gold meinem Vater und meiner Mutter bringen und es selbst auf deinem Rücken hintragen; derweil will ich die Hochzeit bestellen.» Dann lief sie zu ihren Schwestern, die sie in einem Kämmerlein versteckt hatte, und sagte: «Der Augenblick ist da, wo ich euch retten kann: der Bösewicht soll euch selbst wieder heimtragen; aber sobald ihr zu Hause seid, sendet mir Hilfe.» Sie setzte beide in einen Korb und deckte sie mit Gold ganz zu, daß nichts von ihnen zu sehen war. Dann rief sie den Hexenmeister herein und sprach: «Nun trag den Korb fort, aber daß du mir unterwegs nicht stehen bleibst und ruhest, ich schaue durch meine Fensterlein und habe acht.» Der Hexenmeister hob den Korb auf seinen Rücken und ging damit fort, er drückte ihn aber so schwer, daß ihm der Schweiß über das Angesicht lief. Da setzte er sich nieder und wollte ein wenig ruhen, aber gleich rief eine im Korbe: «Ich schaue durch mein Fensterlein und sehe, daß du ruhst, willst du gleich weiter!» Er meinte, die Braut rief' ihm das zu, und machte sich wieder auf. Nochmals wollte er sich setzen, aber es rief gleich: «Ich schaue durch mein Fensterlein und sehe, daß du ruhst, willst du gleich weiter!» Und sooft er stillstand, rief es, und da mußte er fort, bis er endlich stöhnend und außer Atem den Korb mit dem Gold und den beiden Mädchen in ihrer Eltern Haus brachte.
Daheim aber ordnete die Braut das Hochzeitsfest an und ließ die Freunde des Hexenmeisters dazu einladen. Dann nahm sie einen Totenkopf mit grinsenden Zähnen, setzte ihm einen Schmuck auf und einen Blumenkranz, trug ihn oben vors Bodenloch und ließ ihn da hinausschauen. Als alles bereit war, steckte sie sich in ein Faß mit Honig, schnitt das Bett auf und wälzte sich darin, daß sie aussah wie ein wunderlicher Vogel, und kein Mensch sie

erkennen konnte. Da ging sie zum Haus hinaus, und unterwegs begegnete ihr ein Teil der Hochzeitsgäste, die fragten:

«Du, Fitchers Vogel, wo kommst du her?»
«Ich komme von Fitze Fitchers Hause her.»

«Was macht denn da die junge Braut?»

«Hat gekehrt von unten bis oben das Haus
und guckt zum Bodenloch heraus.»

Endlich begegnete ihr der Bräutigam, der langsam zurückwanderte. Er fragte wie die andern:

«Du, Fitchers Vogel, wo kommst du her?»
«Ich komme von Fitze Fitchers Hause her.»

«Was macht denn da meine junge Braut?»

«Hat gekehrt von unten bis oben das Haus
und guckt zum Bodenloch heraus.»

Der Bräutigam schaute hinauf und sah den geputzten Totenkopf. Da meinte er, es wäre seine Braut, und nickte ihr zu und grüßte sie freundlich. Wie er aber samt seinen Gästen ins Haus gegangen war, da langten die Brüder und Verwandte der Braut an, die zu ihrer Rettung gesendet waren. Sie schlossen alle Türen des Hauses zu, daß niemand entfliehen konnte, und steckten es an, also daß der Hexenmeister mitsamt seinem Gesindel verbrennen mußte.

Fitchers Vogel

Wer dieses Märchen einmal gelesen hat, kommt nicht mehr davon los: nicht wegen der schaurigen Darstellung eines blutigen Beckens und zerstückelter Menschen, sondern vorrangig wegen des Hexenmeisters, der Rätsel aufgibt, mehr noch wegen der Gegenspielerin im Vogelkleid, die den Hexenmeister überwindet und verbrennt.

Wieso tut sie das? Was hat ihr der arme bettelnde Mann getan? Haben nicht eher die beiden Schwestern Schuld auf sich geladen, Strafe verdient, da sie doch ein Verbot übertraten, sich von ihrer Neugierde verführen ließen, Geheimnisse entschlüsselten, die nicht für sie gedacht waren, und das Ei, Sinnbild für den Wesenskern des Menschen, befleckten? Solche Gedankengänge setzen eine positive Beurteilung des Hexenmeisters voraus. Doch schon der erste Satz in der Urfassung legt negativ fest:

«Es war einmal ein Hexenmeister, der war ein Dieb und ging in der Gestalt eines armen Mannes vor die Häuser und bettelte.»

Warum die Brüder Grimm den ersten Teil des Relativsatzes gestrichen haben, ist unerklärlich. Aber auch sonst bleibt von dieser Gestalt nichts Hohes, Edles. Der Hexenmeister spielt eine Rolle, verwandelt sich in etwas Niedriges, bettelt, zwingt durch magische Berührung. Sprechend ist sein Name: Fitcher steht zweifellos in Zusammenhang mit dem engl. Verb to fetch = holen. Er fängt schöne Mädchen, rührt sie an und trägt sie in einem Korb weg. Es liegt durchaus nah, auch deshalb, weil sich der Vergleich mit Perraults «Ritter Blaubart» aufdrängt, in diesem Vorgang das Motiv der Verführbarkeit eines jungen Mädchens zu sehen, der Prüfung durch den Mann auf eheliche Treue vor der Hochzeit[1]. Das kann man sagen, aber es genügt nicht, den Hexenmeister bloß als einen Menschen zu betrachten, der Mädchen verhext, in seinen Bann zieht und sie, wenn sie nicht aufs Wort gehorchen, im Kern zerstört. Wir sollten dieses geheimnisvolle Geschehen noch auf anderer Stufe zu verstehen versuchen (denn gerade darin bestehen der Reiz und der Rang eines Werks, daß es auf mehreren Ebenen wirkt), um auf diese Weise auch einige Einzelheiten vielleicht doch besser zu fassen und zuzuordnen (z. B. das Ei, das Blutzimmer, das Vogelkleid).

Wir sagten, Fitcher spiele eine Rolle, durch die er magisch bindet. Im zentralen Bild zeigt sich: Er ist der Geist der Zerstückelung, des Zerteilens, der Analyse. Er ist ein Meister in dieser Kunst der Hexerei. In Kluges Etymologischem Wörterbuch findet man unter dem entsprechenden Stichwort eine aufschlußreiche Wortkette: «Hexe» = ahd. hagzissa, entsprechend mnl. haghetisse. Das Grundwort -tisse wird zurückgeführt auf germ.*tusjo; es erscheint im Westfälischen als dūs = Teufel, im Gallischen als dusius = unreiner Geist. Damit rückt der Hexenmeister in den Bereich niederer Magie, mit deren Hilfe eigensüchtiger Mißbrauch psychischer Kräfte betrieben wird. Man kann in Miers' Handbuch[2] für unseren Zusammenhang Erstaunliches lesen: Schwarze Magie sei schon den alten babylonischen Zauberern bekannt gewesen, die durch Rituale wie symbolisches Verbrennen, Erwürgen, Zerhauen in Teile manchen Unfug trieben. Das Blutzimmer in unserem Märchen ist Zeichen für solches Innenleben, das nicht aus Verantwortung und gereiftem Wissen erwächst[3].

Fitcher wird zur Symbolfigur des kalten niederen Verstandes, einer großen, gar nicht unwichtigen Macht, die viele verhext, in den Bann zieht, besonders unbefleckte, unberührte Seelen (man muß und sollte die Mädchen nicht unbedingt und allein vom Sexuellen her sehen), die leicht und schnell den Tricks verfallen, denn um nichts anderes handelt es sich, wenn einerseits besondere Verantwortung zugesprochen wird und andererseits ein strenges Verbot dazutritt, das Neugier weckt bei Unreifen. Denn die beiden älteren Mädchen handeln nicht aus

Überlegung oder Interesse, sondern aus bloßer Gier nach Neuem; sie bleiben Gefangene (sie wurden gleich zu Beginn im Korb eingeengt, eingekerkert wie dumme Vögel), bleiben Hörige. Auch das Türverbot erfolgt, um festzustellen, wer ihm gehorcht, und um endgültig zu bannen und zu zerstören, wenn jemand unvorbereitet, aus bloßer Neugier den innersten Kern dieses analytischen Verfahrens erlebt.

«Das Ei verwahre mir sorgfältig und trage es lieber beständig bei dir ...» Das ist richtig: Das Ei, die Ursubstanz, der Anfang des Lebens, aus dem heraus sich erst ganzes Leben entfaltet, muß behütet werden, das weiß der Hexenmeister auch; aber es folgt der Nachsatz, sie solle es immerfort mit sich herumtragen, gewissermaßen öffentlich zur Schau tragen, innerstes Geheimnis veräußerlichen. Darin liegt die Gefahr und die Versuchung. Welch ein verhängnisvolles Spiel, das hier und im folgenden mit Heiligem betrieben wird, wogegen sich – gegen Bloßlegen innerster Geheimnisse, gegen Zerstückeln und Zerstückeltwerden – die Jüngste erfolgreich wehrt[4].

Ehe wir ihre Gegenwehr zu verstehen suchen, seien zwei kurze Bemerkungen vorangestellt. Wir finden oft in Märchen, daß erst die jüngste Tochter oder der jüngste Sohn erfolgreich sind. Das hat nichts mit Lebensaltern zu tun; von daher bliebe dieser Hinweis unlogisch. Gemeint ist die innere Verfassung: Die Jüngste ist dem Ursprung am nächsten, sie besitzt noch die größte Entwicklungschance, Geschlossenheit.

Und was meint «List»? Dieses Wort umfaßt ursprünglich die Technik des Krieges (Kriegslist), geht von da vielfach über in «böser Sinn» (List und Tücke, Überlistung, notfalls auch mit unredlichen Tricks); aber schon im Gotischen bis hin zum Mittelhochdeutschen gibt es das Wort in der Bedeutung von Weisheit, Wissen. Das darf und sollte berücksichtigt werden.

Die jüngste Tochter also wird zur entschlossenen Gegenspielerin: Sie wird ebenfalls angerührt, vermag sich dem aber, gemäß ihrer Verfassung, Schritt für Schritt zu entziehen. Zwei Vorgänge spielen dabei eine entscheidende Rolle: Sie bringt das Ei, ehe sie ihren Rundgang beginnt, gegen den Rat des Hexenmeisters in Sicherheit. Wir sagten schon, das Ei stehe für Leben, den Wesenskern des Menschen; es weist hin auf Wiederverjüngung, ist Beispiel im Kleinen, was sich im Großen wiederholt, ist Sinnbild für Kraft und Erhaltung. Während die Schwestern auf den Rat des Hexenmeisters, das Ei nicht wegzulegen, sondern es lieber beständig bei sich zu tragen, eingehen und gerade dadurch eine Verschmutzung in dieser niederen Sphäre ermöglichen, ganz in die Gewalt des Hexenmeisters gelangen, handelt die Jüngste überlegt. Sie verwahrt das Ei, ihr Innerstes, sorgfältig, wird deshalb nicht befleckt, kann deshalb auch nicht von den schlimmsten Eindrücken getroffen werden; sie ist geschützt vor Zerstückelung und erhält sich die Kraft zur Synthese, zur Rettung der Schwestern und Überwindung des Hexenmeisters. Die andern erliegen der Versuchung, die auch an die Jüngste herantritt, werden nicht fertig damit und gehen daran zugrunde. Die dritte Tochter entschlüsselt in reifer Überlegung ebenfalls und bewahrt trotzdem ihr Leben. Nicht als ob das Streben nach verstandesmäßiger Erkenntnis also verboten wäre; ganz im Gegenteil: das Märchen ermuntert dazu. Allein der Weg, das Verfahren, die Reife entscheiden: «... dann besah sie das Haus und ging zuletzt in die verbotene Kammer.» Während sich die andern triebhaft durch Neugier ziehen lassen (Neugier ist immer Zeichen von Unreife), zu zittern beginnen, wenn sie Rede und Antwort stehen müssen, handelt die Jüngste gezielt, selbstbewußt, aus freiem Entschluß. Nun, da sie die Probe bestanden hat, hat der Hexenmeister keine Macht mehr über sie, kann sie heilen, zur Synthese führen, weil sie aus reinem Wissen gehandelt hat. Sie kann sogar, dies ist der entscheidende Umschwung, ihn, den «Bösewicht», zu ihrem Diener machen, rückgängig machen, den Schwestern neue Kraft mitgeben. Und die vermögen unterwegs den Hexenmeister, die niederen Verstandeskräfte, die ins Teuflische umschlagen können, immer wieder in dienender Tätigkeit zu halten.

Schnell und logisch folgen nun die Ereignisse: Die Jüngste bereitet eine Scheinhochzeit vor, setzt eine Nachbildung ins Fenster (zum Zeichen, daß die von ihm erhoffte Braut gestorben ist), gibt sich die Gestalt eines Vogels (als Zeichen der Freiheit und Lösung), verkündet Fitcher und seinen Verwandten, daß sie das Haus von unten bis oben *gereinigt* hat; Fitcher verfällt der Täuschung und wird mitsamt seinem «Gesindel», so steht es im Text, verbrannt.

Wir erfahren also in diesem Märchen zunächst von einer bösen Zaubermacht, der die Menschen, wenn sie triebhaft reagieren, unterliegen; sodann von der Möglichkeit zu ihrer Überwindung, Beherrschung und Vernichtung durch aktives Wissen und verantwortungsvolles, gezieltes Handeln.

Der Königssohn, der sich vor nichts fürchtet

Es war einmal ein Königssohn, dem gefiel's nicht mehr daheim in seines Vaters Haus, und weil er vor nichts Furcht hatte, so dachte er: «Ich will in die weite Welt gehen, da wird mir Zeit und Weil' nicht lang, und ich werde wunderliche Dinge genug sehen.» Also nahm er von seinen Eltern Abschied und ging fort, immer zu von Morgen bis Abend, und es war ihm einerlei, wo hinaus ihn der Weg führte. Es trug sich zu, daß er vor eines Riesen Haus kam, und weil er so müde war, setzte er sich vor die Türe und ruhte. Und als er seine Augen so hin und her gehen ließ, sah er auf dem Hof des Riesen Spielwerk liegen: Das waren ein paar mächtige Kugeln und Kegel so groß als ein Mensch. Über ein Weilchen bekam er Lust, stellte die Kegel auf und schob mit den Kugeln danach, schrie und rief, wenn die Kegel fielen, und war guter Dinge. Der Riese hörte den Lärm, streckte seinen Kopf zum Fenster heraus und erblickte einen Menschen, der nicht größer war als andere und doch mit seinen Kegeln spielte. «Würmchen», rief er, «was kegelst du mit meinen Kegeln? Wer hat dir die Stärke dazu gegeben?» Der Königssohn schaute auf, sah den Riesen an und sprach: «O du Klotz, du meinst wohl, du hättest allein starke Arme? Ich kann alles, wozu ich Lust habe.» Der Riese kam herab, sah dem Kegeln ganz verwundert zu und sprach: «Menschenkind, wenn du derart bist, so geh und hol mir einen Apfel vom Baum des Lebens.» «Was willst du damit?» sprach der Königssohn. «Ich will den Apfel nicht für mich», antwortete der Riese, «aber ich habe eine Braut, die verlangt danach; ich bin weit in der Welt umhergegangen und kann den Baum nicht finden.» «Ich will ihn schon finden», sagte der Königssohn, «und ich weiß nicht, was mich abhalten soll, den Apfel herunterzuholen.» Der Riese sprach: «Du meinst wohl, das wäre so leicht? Der Garten, worin der Baum steht, ist von einem eisernen Gitter umgeben, und vor dem Gitter liegen wilde Tiere, eins neben dem andern, die halten Wache und lassen keinen Menschen hinein.» «Mich werden sie schon einlassen», sagte der Königssohn. «Ja, gelangst du auch in den Garten und siehst den Apfel am Baum hängen, so ist er doch noch nicht dein: Es hängt ein Ring davor, durch den muß einer die Hand stekken, wenn er den Apfel erreichen und abbrechen will, und das ist noch keinem geglückt.» «Mir soll's schon glücken», sprach der Königssohn.

Da nahm er Abschied von dem Riesen, ging fort über Berg und Tal, durch Felder und Wälder, bis er endlich den Wundergarten fand. Die Tiere lagen rings herum, aber sie hatten die Köpfe gesenkt und schliefen. Sie erwachten auch nicht, als er herankam, sondern er trat über sie weg, stieg über das Gitter und kam glücklich in den Garten. Da stand mitten inne der Baum des Lebens, und die roten Äpfel leuchteten an den Ästen. Er kletterte an dem

Stamm in die Höhe, und wie er nach einem Apfel reichen wollte, sah er einen Ring davor hängen, aber er steckte seine Hand ohne Mühe hindurch und brach den Apfel. Der Ring schloß sich fest an seinen Arm, und er fühlte, wie auf einmal eine gewaltige Kraft durch seine Adern drang. Als er mit dem Apfel von dem Baum wieder herabgestiegen war, wollte er nicht über das Gitter klettern, sondern faßte das große Tor und brauchte nur einmal daran zu schütteln, so sprang es mit Krachen auf. Da ging er hinaus, und der Löwe, der davor gelegen hatte, war wach geworden und sprang ihm nach, aber nicht in Wut und Wildheit, sondern er folgte ihm demütig als seinem Herrn.
Der Königssohn brachte dem Riesen den versprochenen Apfel und sprach: «Siehst du, ich habe ihn ohne Mühe geholt.» Der Riese war froh, daß sein Wunsch so bald erfüllt war, eilte zu seiner Braut und gab ihr den Apfel, den sie verlangt hatte. Es war eine schöne und kluge Jungfrau, und da sie den Ring nicht an seinem Arm sah, sprach sie: «Ich glaube nicht eher, daß du den Apfel geholt hast, als bis ich den Ring an deinem Arm erblicke.» Der Riese sagte: «Ich brauche nur heimzugehen und ihn zu holen», und meinte, es wäre ein leichtes, dem schwachen Menschen mit Gewalt wegzunehmen, was er nicht gutwillig geben wollte. Er forderte also den Ring von ihm, aber der Königssohn weigerte sich. «Wo der Apfel ist, muß auch der Ring sein», sprach der Riese, «gibst du ihn nicht gutwillig, so mußt du mit mir darum kämpfen.»
Sie rangen lange Zeit miteinander, aber der Riese konnte dem Königssohn, den die Zauberkraft des Ringes stärkte, nichts anhaben. Da sann der Riese auf eine List und sprach: «Mir ist warm geworden bei dem Kampf und dir auch, wir wollen im Flusse baden und uns abkühlen, eh' wir wieder anfangen.» Der Königssohn, der von Falschheit nichts wußte, ging mit ihm zu dem Wasser, streifte mit seinen Kleidern auch den Ring vom Arm und sprang in den Fluß. Alsbald griff der Riese nach dem Ring und lief damit fort, aber der Löwe, der den Diebstahl bemerkt hatte, setzte dem Riesen nach, riß den Ring ihm aus der Hand und brachte ihn seinem Herrn zurück. Da stellte sich der Riese hinter einen Eichbaum, und als der Königssohn beschäftigt war, seine Kleider wieder anzuziehen, überfiel er ihn und stach ihm beide Augen aus.
Nun stand da der arme Königssohn, war blind und wußte sich nicht zu helfen. Da kam der Riese wieder herbei, faßte ihn bei der Hand wie jemand, der ihn leiten wollte, und führte ihn auf die Spitze eines hohen Felsens. Dann ließ er ihn stehen und dachte: «Noch ein paar Schritte weiter, so stürzt er sich tot, und ich kann ihm den Ring abziehen.» Aber der treue Löwe hatte seinen Herrn nicht verlassen, hielt ihn am Kleide fest und zog ihn allmählich wieder zurück. Als der Riese kam und den Toten berauben wollte, sah er, daß seine List vergeblich gewesen war. «Ist denn ein so schwaches Menschenkind nicht zu verderben!» sprach er zornig zu sich selbst, faßte den Königssohn und führte ihn auf einem andern Weg noch-

mals zu dem Abgrund: aber der Löwe, der die böse Absicht merkte, half seinem Herrn auch hier aus der Gefahr. Als sie nahe zum Rand gekommen waren, ließ der Riese die Hand des Blinden fahren und wollte ihn allein zurücklassen, aber der Löwe stieß den Riesen, daß er hinabstürzte und zerschmettert auf den Boden fiel.

Das treue Tier zog seinen Herrn wieder von dem Abgrund zurück und leitete ihn zu einem Baum, an dem ein klarer Bach floß. Der Königssohn setzte sich da nieder, der Löwe aber legte sich und spritzte mit seiner Tatze ihm das Wasser ins Antlitz. Kaum hatten ein paar Tröpfchen die Augenhöhlen benetzt, so konnte er wieder etwas sehen und bemerkte ein Vöglein, das flog ganz nah vorbei, stieß sich aber an einen Baumstamm: hierauf ließ es sich in das Wasser herab und badete sich darin, dann flog es auf, strich, ohne anzustoßen, zwischen den Bäumen hin, als hätte es sein Gesicht wieder bekommen. Da erkannte der Königssohn den Wink Gottes, neigte sich herab zu dem Wasser und wusch und badete sich darin das Gesicht. Und als er sich aufrichtete, hatte er seine Augen wieder so hell und rein, wie sie nie gewesen waren.

Der Königssohn dankte Gott für die große Gnade und zog mit seinem Löwen weiter in der Welt herum. Nun trug es sich zu, daß er vor ein Schloß kam, welches verwünscht war. In dem Tor stand eine Jungfrau von schöner Gestalt und feinem Antlitz, aber sie war ganz schwarz. Sie redete ihn an und sprach: «Ach, könntest du mich erlösen aus dem bösen Zauber, der über mich geworfen ist.» «Was soll ich tun?» sprach der Königssohn. Die Jungfrau antwortete: «Drei Nächte mußt du in dem großen Saal des verwünschten Schlosses zubringen, aber es darf keine Furcht in dein Herz kommen. Wenn sie dich auf das ärgste quälen, und du hältst es aus, ohne einen Laut von dir zu geben, so bin ich erlöst: das Leben dürfen sie dir nicht nehmen.» Da sprach der Königssohn: «Ich fürchte mich nicht, ich will's mit Gottes Hilfe versuchen.» Also ging er fröhlich in das Schloß, und als es dunkel ward, setzte er sich in den großen Saal und wartete. Es war aber still bis Mitternacht, da fing plötzlich ein großer Lärm an, und aus allen Ecken und Winkeln kamen kleine Teufel herbei. Sie taten, als ob sie ihn nicht sähen, setzten sich mitten in die Stube, machten ein Feuer an und fingen an zu spielen. Wenn einer verlor, sprach er: «Es ist nicht richtig, es ist einer da, der nicht zu uns gehört, der ist schuld, daß ich verliere.» «Wart, ich komme, du hinter dem Ofen», sagte ein anderer. Das Schreien ward immer größer, so daß es niemand ohne Schrecken hätte anhören können. Der Königssohn blieb ganz ruhig sitzen und hatte keine Furcht: doch endlich sprangen die Teufel von der Erde auf und fielen über ihn her, und es waren so viele, daß er sich ihrer nicht erwehren konnte. Sie zerrten ihn auf dem Boden herum, zwickten, stachen, schlugen und quälten ihn, aber er gab keinen Laut von sich. Gegen Morgen verschwanden sie, und er war so abgemattet, daß er kaum seine Glieder regen konnte: als aber der Tag anbrach, da trat die schwarze Jungfrau zu ihm herein. Sie trug in ihrer Hand eine kleine Flasche, worin Wasser des Lebens war, damit wusch sie ihn, und alsbald fühlte er, wie alle Schmerzen verschwanden und frische Kraft in seine Adern drang. Sie sprach: «Eine Nacht hast du glücklich ausgehalten, aber noch zwei stehen dir bevor.» Da ging sie wieder weg, und im Weggehen bemerkte er, daß ihre Füße weiß geworden waren. In der folgenden Nacht kamen die Teufel und fingen ihr Spiel aufs neue an; sie fielen über den Königssohn her und schlugen ihn viel härter als in der vorigen Nacht, daß sein Leib voll Wunden war. Doch da er alles still ertrug, mußten sie von ihm lassen, und als die Morgenröte anbrach, erschien die Jungfrau und heilte ihn mit dem Lebenswasser. Und als sie wegging, sah er mit Freuden, daß sie schon weiß geworden war bis zu den Fingerspitzen. Nun hatte er nur noch eine Nacht auszuhalten, aber die war die schlimmste. Der Teufelsspuk kam wieder: «Bist du noch da?» schrieen sie, «du sollst gepeinigt werden, daß dir der Atem stehen bleibt.» Sie stachen und schlugen ihn, warfen ihn hin und her und zogen ihn an Armen und Beinen, als wollten sie ihn zerreißen: er duldete alles und gab keinen Laut von sich. Endlich verschwanden die Teufel, aber er lag da ohnmächtig und regte sich nicht: er konnte auch nicht die Augen aufheben, um die Jungfrau zu sehen, die hereinkam und ihn mit dem Wasser des Lebens benetzte und begoß. Aber auf einmal war er von allen Schmerzen befreit und fühlte sich frisch und gesund, als wäre er aus einem Schlaf erwacht, und wie er die Augen aufschlug, so sah er die Jungfrau neben sich stehen, die war schneeweiß und schön wie der helle Tag. «Steh auf», sprach sie, «und schwing dein Schwert dreimal über die Treppe, so ist alles erlöst.» Und als er das getan hatte, da war das ganze Schloß vom Zauber befreit, und die Jungfrau war eine reiche Königstochter. Die Diener kamen und sagten, im großen Saale wäre die Tafel schon zubereitet und die Speisen aufgetragen. Da setzten sie sich nieder, aßen und tranken zusammen, und abends ward in großen Freuden die Hochzeit gefeiert.

Der Königssohn, der sich vor nichts fürchtet

Absichtlich wählen wir auch ein etwas längeres Märchen, das nicht in den üblichen Auswahlbänden abgedruckt wird und doch beeindruckt hinsichtlich des Themas und des Aufbaus.

Es besteht aus zwei Teilen: der erste – er umfaßt sieben Erzählschritte – berichtet vom Werdegang und der stufenweisen Entwicklung des Helden; der zweite – in einem einzigen Erzählschritt – von der Befreiung

der schwarzen Jungfrau, wofür der Königssohn zunächst die inneren Voraussetzungen schaffen mußte. Die Verteilung der Erzählschritte zeigt, welches Gewicht der Erzähler auf die Vorbereitung zur Erlösungstat legt, die dann zwar nicht ohne Mühen, aber doch ohne Zweifel und Zaudern vollbracht werden kann.

Wenn dieses Märchen bislang nicht stärker ins Licht gerückt wurde, so kann das nur durch das Thema erklärt werden: Wenn wir heute das Wort «heldisch» hören, kommt sofort Argwohn auf, da in jüngster Vergangenheit Gedanken in solcher Richtung verzerrt wurden. Nun stellt sich aber in diesem Text das Heldische nicht auf übersteigerte oder salbungsvolle Art dar, sondern auf bescheidene, im Schillerschen Sinne naive Weise. Und wer will behaupten, daß solches Heldentum[1] unwahr sei oder keinen erzieherischen Wert mehr besitze? Im Gegenteil: Wo es der Jugend nicht rechtzeitig geboten, abverlangt wird, schafft sie sich ein eigenes, dann grausames und verlogenes, das nicht befreit, nicht sich und nicht andere.

Wie stellt sich nun dieses Heldentum dar? Folgen wir der Entwicklung Schritt für Schritt:

1. Dem Königssohn gefällt es zu Hause nicht mehr; er löst sich freiwillig, macht sich auf den Weg, stellt sich auf wunderliche Dinge ein, nicht verwunderliche, wie man zunächst meinen könnte, sondern, wie der Fortgang zeigt, wunderbare Erlebnisse und Abenteuer, die nicht einfach Kurzweil bringen, sondern Prüfung und Bewährung[2]. Diese Bereitschaft zum Aufbruch ins «Abenteuer» und als Voraussetzung dazu die Furchtlosigkeit kennzeichnen ihn als den «königlichen» Menschen, der seine Zeit nicht ungenützt verstreichen lassen will («...da wird mir Zeit und Weil' nicht lang»), der hinausstrebt, jedoch erstaunlicherweise nicht auf ein ganz bestimmtes Ziel zu, sondern offen für das, was von ihm gerade gefordert wird («...und es war ihm einerlei, wo hinaus ihn der Weg führte»).

2. Er kommt zunächst vor eines Riesen Haus; wach läßt er seine Augen hin- und hergehen: er ist der aufmerksam Beobachtende. Das Spiel mit den riesigen Kugeln und Kegeln zeigt nicht nur kindlich reine Freude, sondern mehr noch seine Kraft, die sogar den Riesen, das Klotzige, Unbehauene, staunen läßt: «Wer hat dir die Stärke dazu gegeben?» Sie rührt her von innerer Unschuld, wacher Aufmerksamkeit und spontaner Hilfsbereitschaft. Denn was jetzt geschieht, ist erstaunlich: Der Königssohn begibt sich in den Dienst des Niedrigen, Unvollkommenen. Da ist keine Überheblichkeit; als ihn der Riese bittet, den Apfel vom Baum des Lebens zu holen, fragt er nicht lang, zaudert er nicht, zweifelt er aber auch nicht, sondern glaubt an sich und seine Möglichkeiten. Dreimal in diesem Erzählschritt hören wir solches Bekenntnis: Der Riese kann den Baum nicht finden – «Ich will ihn schon finden»; wilde Tiere lassen keinen Menschen hinein – «Mich werden sie schon einlassen»; keiner kann durch den Ring greifen – «Mir soll's schon glücken». In

dieser Zuversicht, mit diesem Glauben, der Berge versetzen kann, wird er finden, was dem Riesen verwehrt, verschlossen bleibt, da dieser aus bloßem Eigennutz sucht – er will sich damit auf unredliche Weise eine hohe Braut erwerben –[3], während sich der Königssohn seiner Aufgabe uneigennützig dienend hingibt. Selbstlosigkeit und Selbstvertrauen, hier in natürlicher Einheit, sind die Steigerung seines Wesens, wie es sich in dieser ersten Begegnung nach dem Auszug in die Welt entwickelt. Und das, was ihm als Aufgabe gestellt wird, fördert solche Haltung: der Ring weist hin auf Geschlossenheit, Vollkommenheit; der Ring meint gleichzeitig etwas Beschützendes (einen Kreis oder einen Ring um etwas ziehen). Da auch noch die Symbole Apfel und Baum erscheinen[4], ergibt sich insgesamt die Vorstellung vom Garten Eden – der Text spricht ja doch vom «Wundergarten» –, zu dem der Königssohn kraft seiner inneren Verfassung erfolgreich aufbrechen wird.

3. Seltsam, daß die wilden Tiere bei seinem Erscheinen schlafen, weshalb er mühelos bis ins Zentrum vordringen und den Apfel pflücken kann. Was der Erzähler als äußeres Bild gibt, meint erneut den inneren Zustand des Helden: die Kraft, die ihm zuteil wurde, entwickelt sich nicht zu grober Form, in Trieb und Leidenschaft; sie wird, ein Raubtier für den Riesen, umgewandelt (nicht verdrängt!) in einen treuen Diener, der ihm bei den künftigen Unternehmungen oft letzte Hilfe sein kann[5]; denn der Löwe ist Sinnbild des Machtvollen, Königlichen; und diese Eigenschaft, als Stärke in sich erweckt, nach dem Griff durch den Ring erhöht, macht den Königssohn letztlich immer wieder zum Sieger in aller Not, gibt ihm die Kraft durchzuhalten. Walther von der Vogelweide hat diesen Vorgang eindrucksvoll gefaßt:

«Wer schlägt den Löwen?
Wer schlägt den Riesen?
Wer überwindet den und diesen?
Das tut einer, der sich selber zwingt
Und alle seine Glieder
unter Obhut bringt
Aus der Wildheit in beständ'ge Zucht.»

Dabei darf noch vermerkt werden, daß Zucht im Mittelhochdeutschen verstanden wird als Bildung des inneren und äußeren Menschen, als Sittsamkeit und Edelmut.[6] Aber auch das Märchen selbst spricht solche Verwandlung deutlich aus:
«Da ging er hinaus, und der Löwe... war wach geworden und sprang ihm nach, aber nicht in Wut und Wildheit, sondern er folgte ihm demütig als seinem Herrn.»

4. Der Königssohn bringt dem Riesen den gewünschten Apfel. Wir erfahren in diesem Erzählabschnitt zunächst nicht viel über die Titelfigur, nur zwei Zeilen berichten von ihr. Sichtbar aber wird des Helden Redlichkeit: Er denkt nicht daran, den kostbaren Apfel für sich zu behalten, verlangt auch keinen Lohn dafür; er ist allerdings auch nicht so tölpelhaft, daß er mehr gibt, als verlangt wird. Den Ring am Arm, der ihm gewaltige Kraft verleiht, behält er für sich. Das alles, wohlgemerkt, steht zwischen den Zeilen.

Wichtiger ist die Art, wie der Königssohn den Apfel überbringt; heiter, keineswegs überheblich oder spottend spricht er: «...siehst du, ich habe ihn ohne Mühe geholt.» Es ist reine Freude am Gelingen, Selbstbestätigung seines Vermögens, eigentlicher Lohn dieses Wegs.

Der Erzähler wendet sich in den folgenden zwölf Zeilen ganz dem Gegenspieler zu; seine Roheit wird gezeichnet durch das, was er unterläßt: Er fragt nicht, wie das Unmögliche möglich wurde, fragt nicht nach den geistigen Hintergründen; er rennt, nur seine Braut im Sinn, davon und muß erfahren, daß er bloß die Hälfte besitzt. Die schöne und kluge Jungfrau nämlich will Ring und Apfel, weil sie offenbar den Zusammenhang kennt: Denn um den Apfel zu pflücken, muß der Auserwählte mit der Hand durch den Ring greifen, innere Geschlossenheit besitzen. Jetzt wird der Ring zum Symbol der Einheit, der Vermählung ebenbürtiger Partner.

Der Riese freilich hat noch immer nicht begriffen, worum es geht: meint er doch, «es wäre ein leichtes, dem schwachen Menschen mit Gewalt wegzunehmen, was er nicht gutwillig geben wollte», ahnt er nicht, daß es sich um eine Zauberkraft seelisch-geistiger Entwicklung handelt, nicht übertragbar wie ein Kleid.

5. Und nun zeigt das Märchen, daß der Königssohn gewissermaßen erst die positiven Grundkräfte zur Entfaltung gebracht hat. Denn jetzt muß er, im Zweikampf mit dem Riesen, noch durch dunkle Nacht (ihm werden beide Augen ausgestochen), muß er erfahren, was Falschheit ist und Gewalt. Der Riese kann ihm aber im Grundsätzlichen, im Innersten nichts anhaben, denn der Königssohn wird durch den dienenden Löwen geleitet.

6. Das Spiel der Heuchelei und Arglist wird fortgesetzt: Der Riese führt den Königssohn dreimal auf die Spitze eines hohen Felsens; d. h. in dieser Auseinandersetzung erreicht der Held, trotz äußerer Schwächung, eine Erhöhung, die ihn zwar tief stürzen lassen kann, wovor er aber gefeit ist durch das, was er vorher aufgebaut hat. Der treue Löwe bewahrt seinen Herrn vor geplanter Vernichtung; der Riese muß die unverderbliche Wesenheit des Königssohns erkennen: «Ist denn ein so schwaches Menschenkind nicht zu verderben», nicht mehr als Frage gesprochen, sondern als zornig-verzweifelter Ausruf und als Eingeständnis dreimalig bewiesener Unterlegenheit. Daraufhin folgen zwingend der Absturz und der Tod des Riesen, bewirkt durch den Löwen, die Macht, die gewachsen ist aus Selbstlosigkeit, Vertrauen und der Bezwingung alles Ungerichteten.

7. Bevor der Erzähler zum zweiten Teil, der befreienden Tat, überleitet, unterbricht er die abenteuerliche Handlung, läßt er den Helden gewissermaßen ausruhen, in sich kehren:

«Der Königssohn setzte sich da nieder, der Löwe aber legte sich und spritzte mit seiner Tatze ihm das Wasser ins Antlitz. Kaum hatten ein paar Tröpfchen die Augenhöhlen benetzt, so konnte er wieder etwas sehen und bemerkte ein Vöglein, das flog ganz nah vorbei, stieß sich aber an einem Baumstamm: hierauf ließ es sich in das Wasser herab und badete sich darin, dann flog es auf, strich, ohne anzustoßen, zwischen den Bäumen hin, als hätte es sein Gesicht wieder bekommen. Da erkannte der Königssohn den Wink Gottes, neigte sich herab zu dem Wasser und wusch und badete sich darin das Gesicht. Und als er sich aufrichtete, hatte er seine Augen wieder so hell und rein, wie sie nie gewesen waren.»

Wir sehen: diese Erhöhung bringt gleichzeitig Erleuchtung. Der Königssohn bekommt einen neuen Blick, eine bessere Ansicht der Dinge. Jetzt ist er nicht mehr der Naive, der Arglose, jenseits von gut und böse, für den es darum keinen Grund gab, irgend etwas zu fürchten. Nun erfährt er, auf welchem Wege die Kräfte gewachsen sind und wachsen können; spricht er nicht mehr jugendlich von sich und seinen Möglichkeiten, sondern vom «Wink Gottes», wächst ihm mit dieser Erkenntnis auch die Kraft der inneren Stimme (denn nicht anders kann das Bild vom Vogel gedeutet werden)[7], findet in ihm das Heldische also seine Erhöhung durch Gläubigkeit und Inspiration.

8. Jetzt ist der Königssohn bereit, vorbereitet zur letzten Tat: zur Befreiung der schwarzen, d. h. unerlösten Jungfrau, d. h. der menschlichen Seele ganz allgemein. In dreimaliger, immer heftigerer Versuchung wird dabei das Letzte, das Martyrium, von ihm gefordert, muß er Bereitschaft zum persönlichen Opfer beweisen, geleistet im absoluten Vertrauen auf Gottes Hilfe. Vor der ersten Nacht spricht der Königssohn:

«Ich fürchte mich nicht, ich will's mit Gottes Hilfe versuchen.»

Von der zweiten Nacht wird berichtet:

«...sie fielen über den Königssohn her und schlugen ihn viel härter als in der vorigen Nacht, daß sein Leib voll Wunden war. Doch da er alles still ertrug, mußten sie von ihm lassen.»

Und beim dritten Mal:

«...er duldete alles und gab keinen Laut von sich.»

Das besondere Ereignis dieses Märchens vollzieht sich in der schrittweisen Veränderung der schwarzen Jungfrau in dem Grade, wie der Königssohn die sich steigernden Qualen bis zur Ohnmacht über sich ergehen läßt, so daß am Ende eine Reinigung vollzogen ist, die, bei den Füßen beginnend[8], schließlich die endgültige Befreiung von dunklen Mächten bringt:

«...und wie er die Augen aufschlug, so sah er die Jungfrau neben sich stehen, die war schneeweiß und schön wie der helle Tag.»

Sehr eindrucksvoll wird auch gezeigt, wie schon während dieses Vorgangs die zu befreiende Seele fähig ist, dem Ringenden behilflich zu sein bei dieser Arbeit; sie kann das, weil sie göttliche Kräfte, das Wasser des Lebens, in sich trägt, mit dem der Held nach jeder Nacht geheilt und erfrischt wird[9]. Dank dieser gegenseitigen Unterstützung ergibt sich schließlich eine Einheit, weshalb sie jetzt nicht mehr nacheinander und nebeneinander handeln (er leidet zunächst – sie heilt alsdann), sondern gemeinsam das ganze Schloß, die gesamte Lebensgemeinschaft rundum, befreien. Wie in einem Atemzug kann das jetzt geschehen; sie fordert ihn zu handeln auf; sein Tun wird erst gar nicht mehr berichtet. Es heißt nur noch, wie in einem Nachtrag: «Und als er das getan hatte, da war das ganze Schloß vom Zauber befreit». Ob man nun in diesem Geschehen mehr die Bereitschaft zu sozialer Hilfeleistung sehen will (der Königssohn befreit unter Einsatz seines Lebens einen erlösungsbedürftigen Menschen) oder die Darstellung einer unio mystica (der Königssohn befreit durch gläubige Hingabe stufenweise seine eigene Seele aus «bösem Zauber», erreicht dadurch in der Vereinigung mit ihr – als «geistliche Vermählung» zu verstehen – erst die endgültige Erfüllung): Es bleibt, in großem Gegensatz etwa zu «Sneewittchen» oder «Dornröschen», dieses Mal als besonderer Eindruck der tätig handelnde Mensch, der soziale bzw. religiöse Probleme löst durch vollkommene Selbsthingabe; dabei sind Intellekt, Gemüt und Wille gleichermaßen beteiligt, bleibt die Handlung, auch wenn wir sie mystisch deuten, frei von Schwärmerei: Innerlichkeit wird hier zu mitmenschlichem Handeln bzw. Kontemplation zu Aktivität geführt. Schließlich: Der Mensch kann erst dann wirklich frei handeln, wenn er den Weg für das Licht in sich selber freigelegt hat; dieser Weg ist kein spekulatives Beginnen, sondern eine in verborgenen Kräften gegründete Tat. Und dieser Mensch weiß, daß er die gewonnenen Kräfte *praktisch* anwenden muß, daß er bereit sein muß zum Opfer, aus dem heraus die Vereinigung erwachsen kann, nicht berechnend und begehrend, sondern als Mysterium.

Schlußwort

Diese Arbeit hat sich zum Ziel gesetzt, den Blick auf die Weisheit Grimmscher Märchen zu lenken. In zweifacher Weise leuchtet sie immer wieder auf: In der Ansicht vom Sein – in der Darstellung der Personen.
Das Märchen glaubt an die Einheit von oben und unten, d.h. daran, daß alles, was ist, nicht nur auf der materiellen, praktischen Ebene besteht (die deshalb nicht abgewertet wird, auf der man sich ständig betätigen und bewähren muß), sondern gleichzeitig auf eine höhere bezogen ist, wodurch alles mit allem in tiefem, innerem Zusammenhang steht. W. Grimm schreibt am Schluß seiner Anmerkungen: «Gemeinsam allen Märchen sind die Überreste eines in die älteste Zeit hinaufreichenden Glaubens, der sich in bildlicher Auffassung übersinnlicher Dinge ausspricht.»
Greifen wir noch einmal zurück: Wir erfahren im «Froschkönig» von stufenweiser Entwicklung aus niederstem Dasein zum höchsten Amt, ermöglicht durch die überlegene Gestalt des Königs, der das Gesetz der Kausalität in aller Strenge zur Wirkung bringt; im «Sneewittchen» von Schönheit und Weisheit, die weiterleben, auch wenn sie durch Jahrhunderte verloren scheinen; im «Dornröschen» von Tod und Auferstehung; in «Frau Holle» von Gnade und Verderben als Folge unterschiedlichen Verhaltens; im «Rotkäppchen» vom Kampf zwischen lichten und dunklen Mächten, von wechselseitigen Bezügen der Generationen und Epochen; im «Aschenputtel» von eigenem Wertbewußtsein in Verbindung mit Treue und Demut; im Märchen «Von dem Mäuschen, Vögelchen und der Bratwurst» vom Sinn rechter Ordnung; in «Herr Korbes» von der unerbittlichen Tilgung des Bösen; in «Die Wassernixe» von der Macht der Verlockung und ihrer Überwindung; im «Königssohn, der sich vor nichts fürchtet» vom Heldischen.
Freilich: Die ganze Wahrheit des Märchens ergibt sich, mosaikartig, erst durch die Zusammenschau der einzelnen Teile. Davon zu wissen, ist nicht nur Trost; es gibt Mut, wenn deutlich wird, daß jeder einzelne in solche Zusammenhänge hineingestellt ist, daß er mit Kräften rechnen kann, die ihm eine Rückverbindung (nicht anders lautet ja die wörtliche Übersetzung von «re – ligio») ermöglichen. Dabei wird dem Menschen nichts geschenkt; er muß handeln und kämpfen, er scheitert und unterliegt, bleibt jahrelang gefangen, Martern ausgesetzt; er muß in seiner Entwicklung oft Umwege gehen, ist häufig allein, dabei aber göttlicher Wahrheit um so näher. Insofern handelt es sich um eine sehr realistische Dichtung, die allerdings im Übersinnlichen gründet und es als eine Macht in unser konkretes Dasein aufnimmt. Der Held lebt und handelt auf beiden Ebenen, weil er sich eingeordnet weiß in den gesamten kosmischen Plan, dem er sich vertrauensvoll überläßt, der ihm Ehrfurcht allem Lebenden gegenüber abverlangt. Grübelndes, listiges Suchen wird nicht

belohnt, hebt aus der großen Ordnung heraus, macht blind, führt ins Verderben. Verlangt wird einzig Glaube; er spendet den Mut zum Leben und Überleben, den Willen zur Tat.

Das Märchen führt also beides vor: den inneren Kampf der Seele – die unsichtbaren Kräfte des Universums.

Das Bild, mit dem es arbeitet, ist, wie wir im Vorwort sagten, unübersetzbar. Indem wir uns dieser Welt bescheiden nähern, kann sich ein Teil ihrer Weisheit offenbaren.

Anmerkungen

Vorwort

1 Aus: Franz Fühmann, Die Weisheit der Märchen (1957).
2 In diesem Zusammenhang sei hingewiesen auf die beiden Taschenbücher von Lüthi (vgl. Literaturverzeichnis), der sich mit dem Wesen des Märchens allgemein befaßt; auf Obenauers umfassendes Werk mit zahlreichen Ansätzen zu Einzeldeutungen; auf die Broschüre von Meves, in der sie «Hänsel und Gretel» sehr ausführlich, «Frau Holle» und «Froschkönig» knapper aus psychologischer Sicht erläutert; auf Bettelheim, der besonders im 1. Teil das Bedürfnis der kindlichen Seele nach Märchen aufzeigt, die Entsprechungen zwischen der Märchensymbolik und der «unterbewußten inneren Realität des Kindes»; auf Schults Analysen, in denen er einzelnen Märchen die christlichen Jahresfeste und die zwölf Tierkreiszeichen zuordnet, damit den Blick ins Kosmische zieht; und schließlich auf den im Novalis-Verlag erschienenen Kurzband von Lenz, in dem, ausgehend immer von einem Tier, Märchen wie «Das singende, springende Löweneckerchen», «Aschenputtel», «Schneeweißchen und Rosenrot» u. a. m., am Ende auch ausführlich das Drachenmärchen «Die beiden Brüder» und das russische «Zarentochter Frosch» gedeutet werden.
3 Meves, Mut zum Erziehen, S. 72 f.; vgl. auch Mönckeberg, S. 13 ff. (das Kapitel «Märchen und Kinder»).
4 Goethe, Faust II, Zeile 4727.
5 Frenzel, S. 97.
6 Das europäische Volksmärchen, S. 76 ff.

Der goldene Schlüssel

1 Vgl. Lehrerheft zu Kletts Lesebuch A 5, S. 6 f.
2 Vgl. Lüthi, Es war einmal . . ., S. 28.

Hänsel und Gretel

1 Vgl. auch «Brüderchen und Schwesterchen», ebenso «Fundevogel» und «Die Wassernixe».
2 Historisch = Johann (Kurzform dazu: Hans) Faust; so noch in der ersten Übersetzung aus dem Lateinischen «Hostoria von D Joh. Fausten», Frankfurt / M. 1587.
3 Zeile 324 ff.

Sneewittchen

1 Schüler schlugen eine weitere Deutungsmöglichkeit vor: Die Eule ist braun, der Rabe schwarz, die Taube weiß. Sneewittchen ist anfangs noch indifferent, in seiner Unschuld noch nicht eingespannt in den Gegensatz von Gut und Böse, wie die Farbe braun zwischen schwarz und weiß liegt; dann erliegt es den dunklen Mächten (Rabe), um schließlich ins Licht geführt zu werden (Taube). Die drei Vögel am Sarg zeigten demnach noch einmal, in zeitlichem Nacheinander, Sneewittchens Entwicklung.
2 Vgl. die von Panzer herausgegebene Urfassung, wo dieser Titel so in Klammern angegeben wird.
3 Entstanden aus got. «witan», durch die 2. Lautverschiebung zu ahd. «wizzan».
4 Man kann und darf dieses Geschehen durchaus im Hinblick auf individuelle Entwicklung deuten. Aber es geht, wie aufgezeigt werden soll, um mehr und Umfassenderes.
5 Es war einmal, S. 37.
6 Es ist hier nicht der Ort, zahllose Stellen aus der Bibel, Mythologie und Literatur anzuführen, wo das Prinzip der Drei, der Sieben usw. erscheint. Wir verweisen auf Miers' Werk, wo unter den jeweiligen Stichwörtern ganze Spalten gefüllt sind; außerdem auf die kabbalistische Literatur, wo die Zahlensymbolik von innen, von der Natur des Menschen und des Kosmos, aufgebaut und begründet wird.
7 Obenauer setzt sich im Anhang (S. 306) mit einer uns nicht vorliegenden Arbeit von Prof. H. Beckh auseinander (Zeitschrift «Die Christengemeinschaft», Jg. 1, S. 138), in der, auf gnostisch-anthroposophischer Grundlage, der Glassarg als Gefäß der Verwandlung angesehen wird, lichtdurchscheinend und lichtverwandt.

[8] Es sei nur nebenbei erwähnt, daß auch hier, wie im «Froschkönig», durch Gewaltanwendung befreit wird.
[9] Das europäische Volksmärchen, S. 56.

Der Froschkönig

[1] Vgl. auch «Frau Holle»!
[2] Zitiert nach Reble, S. 215.
[3] Ebda.
[4] Vgl. Faust II., Zeile 11 936 ff.
«Wer immer strebend sich bemüht,
Den können wir erlösen.
Und hat an ihm die Liebe gar
Von oben teilgenommen,
Begegnet ihm die selige Schar
Mit herzlichem Willkommen.»
[5] Vgl. Miers, S. 4.
[6] Wir werden im 2. Band auf das Symbol des Pferdes zurückkommen, wenn es im Mittelpunkt des Geschehens steht, nämlich im Märchen «Die Gänsemagd».
[7] Die erste Qualität erhielt diese Zahl bei den Alten aufgrund ihrer eigentümlichen arithmetischen und geometrischen Verhältnisse: Sie kann nämlich als erste in gleiche gerade Zahlen geteilt werden (in 2 × 4, auch 2 × 2 × 2, wodurch sie zur ersten Kubikzahl wird). Das Neue Testament vermittelt die zweite Bedeutung, wenn Christus (Matth. 5,3 – 10) in der Bergpredigt die 8 Grade der Glückseligkeit lehrt. In Miers' Handbuch finden sich noch andere Besonderheiten dieser Zahl.

Frau Holle

* Darum sagt man in Hessen, wenn es schneit: «Die Frau Holle macht ihr Bett.»
[1] Bei der Veränderung des Auslauts «-ld» zu «ll» liegt eine Assimilation (Angleichung) zweier Konsonanten vor, die in früherer Zeit häufig durchgeführt wurde: z. B. sterne – sterre, verne – verre; auch in Eigennamen wie Liutpolt – Liup(p)olt.
[2] Vgl. Kluges Etymologisches Wörterbuch.
[3] Brüder Grimm, Deutsche Sagen I, S. 19 f.
[4] Übrigens auch Kant, Lessing, Herder, Goethe, Schiller, Schopenhauer u. a.
[5] Dieser Gedanke ist uns gegenwärtig im Bild der Nornen und Parzen.
[6] Daß Frau Holles Reich nicht, den allgemeinen Vorstellungen folgend, oben, sondern unten gedacht wird, mag am Sagenkern liegen, wo sie in einem Brunnen lebt, mag der Vorstellung von der Unterwelt folgen, mag aber auch ganz realistisch gedacht sein, daß der Körper nach dem Tode in die Erde gelegt wird.
[7] Hierher paßt auch die Redensart «Jemandem die Zähne zeigen»; in die angegebene Richtung führt uns ebenso die Wendung vom «Zahn der Zeit» als Ausdruck der Beständigkeit und Konsequenz.
[8] Vgl. auch «Das Waldhaus».
[9] Vgl. die Redensart «Er hat Pech».

Rotkäppchen

[1] Vgl. Obenauer, S. 199 ff.
[2] Vgl. unser Vorwort.
[3] Nach: E. Peterich, Kleine Germanische Mythologie, Frankfurt/M. 1938, S. 83 f.
[4] Zeile 6212 ff. und 6282 ff.

Hans im Glück

[1] I. Fetscher berechnet – in humorvoller Anwendung marxistischer Literaturinterpretation – den Goldklumpen mit etwa 100 000 DM. Er führt weiter aus: «Diesen Goldklumpen tauscht Hans, weil ihm das Tragen allzu mühsam erscheint, gegen ein Pferd. Unterstellt man, daß es sich um ein gutes Reitpferd handelte, das 3000 DM wert ist, dann hat er schon bei diesem ersten Tausch 97 000 DM verloren. Da das Pferd ihn heruntergeworfen hatte, tauschte er es gegen eine (wie sich später herausstellt) schlachtreife Kuh von maximal 500 DM Wert (Verlust 2500 DM) und weiter die Kuh gegen ein Schwein (von 150 DM Wert – Verlust

350 DM), das Schwein gegen eine Gans (von 30 DM Wert – Verlust 120 DM) und die Gans gegen einen Schleifstein (Wert 2 DM – Verlust 28 DM), bis ihm dieser beim Trinken in einen Brunnen fällt ...» (S. 39). «Die Geschichte», so kommentiert Fletscher, «ist die eines totalen geschäftlichen Mißerfolgs, der auf dem Unvermögen beruht, den für die Warengesellschaft geltenden Wertbegriff zu fassen». Oder später (S. 41): Die Erzählung «enthalte einen Hinweis auf die Unvereinbarkeit von unreflektiertem Glück und warenproduzierender Gesellschaft».

2 Vgl. Miers, S. 325 ff.

3 Die Eigenschaftsangaben können hier nur in dieser verkürzten Grobform erfolgen und sind in unserem Zusammenhang nur bemerkenswert in ihrer positiven Kraft.

Aschenputtel

1 Frz. Schriftsteller (1628 – 1703), der bereits die Aufmerksamkeit der europäischen Dichter und Forscher auf Märchenstoffe lenkte und selbst Märchen verfaßte.

2 Die wir ja auch mit Hilfe des Stammbaums festzustellen und festzuhalten versuchen.

3 Zahlreich sind die Stellen, in denen z. B. die Bibel auf die Bedeutung des Kleides hinweist; die aufschlußreichsten für unsere Betrachtung, weil sie fast wie eine Interpretation dieses Märchens wirken, stehen bei Jesaja 61,10; bei Matthäus 22,11 – 14 (im Gleichnis von der königlichen Hochzeit); bei Lukas 15,22 (im Gleichnis vom verlorenen Sohn).

4 Vgl. auch die zahlreichen Angaben im Neuen Testament.

5 Die Seele in Vogelgestalt, eine alte mythische Vorstellung: Penelope als Ente, Athene als Schwalbe, Leukothes als Möwe, Zeus in Begleitung des Adlers, Wotan mit den beiden Raben auf der Schulter. Vgl. auch das Märchen «Von dem Machandelboom», wo sich der tote Bruder in einen Vogel verwandelt.

Dornröschen

1 Es war einmal, S. 7 ff.

2 Das europ. Volksmärchen, S. 87: «Märchen sind deutbar. Aber jede Einzeldeutung bedeutet Verarmung und geht am Wesentlichen vorbei.»

3 S. 25 f.

4 Über das zentrale Thema des Zauberschlafs und seine Verwandtschaft zu Brunhilde finden sich zahlreiche Anregungen in der angegebenen Literatur, besonders bei Obenauer, S. 61 ff.

5 Vgl. die Einführung zu Grimms Ausgabe Irischer Elfenmärchen (Stuttgart, 1962, S. 41).

6 S. 64.

7 Interessant ist auch, daß 12 gleich große Kugeln nötig sein sollen, um eine ebensolche Kugel zu bedecken.

8 Schmitz, S. 212 f.

9 Ebda., S. 354 f.

10 So wie ein Bienenvolk und ein Termitenstaat sich auflösen, wenn die Königin umkommt.

Kurze Märchen

1 Wir erinnern auch an die Sage vom «Getreuen Ekkart», der den Knaben einen Bierkrug schenkt, der nie versiegt, solange sie schweigen.

2 So auch im Märchen «Simeliberg».

3 Die verschiedenen Quellen und Fassungen sind bei Panzer, S. 327, wiedergegeben.

4 Wir finden es auch in anderen Märchen dargestellt: Brüderchen und Schwesterchen, Fundevogel, Von dem Machandelboom, Die Goldkinder, Jorinde und Joringel, Hänsel und Gretel.

Fitchers Vogel

1 So im Kern Bettelheim, S. 351 ff., der auch die Details auf diese Weise zu deuten weiß. Wir werden im 2. Band bei der Analyse zum «Märchen von einem, der auszog, das Fürchten zu lernen» noch einmal auf die dann in jedem Falle zu einseitige, dort auch fragwürdige Betrachtungsweise eingehen.

[2] S. 264.

[3] Eine ähnliche Katastrophe entwickelt Goethe in seiner Ballade «Der Zauberlehrling».

[4] Eine ähnliche Handlungsführung findet sich übrigens im Märchen «Marienkind»: Da erscheinen die Jungfrau Maria und Engel; da ist die Rede von 13 Türen des Himmelreichs, von denen das Kind 12 aufschließen darf; in jedem Zimmer sitzt ein Apostel; und als es seiner Begierde folgt und die 13. Tür öffnet, erblickt es die Dreieinigkeit im Feuer und Glanz, empfindet es gewaltige Angst und läuft fort usw. Der entscheidende Unterschied: Strahlende Majestät dort – täuschender Hinterhalt hier, kindliche Furcht anstelle von Überlegenheit.

Der Königssohn, der sich vor nichts fürchtet

[1] Komplizierter, z. T. gebrochener gezeigt in den Schicksalen großer griechischer und germanischer Helden.

[2] Vgl. das mhd. Wort «aventiure» = Arbeit, Mühsal, Sorge, Qual.

[3] Vgl. Brynhilde – Gunther, dort als geplanter Verrat!

[4] Wir haben darüber bei «Frau Holle» bzw. «Aschenputtel» gesprochen.

[5] Wir werden dabei auch an die Geschichte H. des Löwen erinnert.

[6] Vgl. Lexers mhd. Wörterbuch!

[7] Vgl. auch Siegfrieds Erlernen der Vogelsprache!

[8] Wir erinnern an die Ausführungen zu «Aschenputtel».

[9] Es sei verwiesen auf die Besprechung des Märchens «Das Wasser des Lebens» in Band II.

Literaturverzeichnis

I. Textsammlungen

Bechstein: Märchen und Sagen (Droemersche Verlagsanstalt, München 1954)
Brüder Grimm: Kinder- und Hausmärchen (insel-taschenbuch, Frankfurt/M. 1974)
Brüder Grimm: Kinder- und Hausmärchen. Vollständige Ausgabe in der Urfassung. Hsg. F. Panzer (Wiesbaden – Berlin o.J.)
Brüder Grimm: Deutsche Sagen I/II (Goldmanns Gelbe Tb., München o. J.)

II. Spezialliteratur

Bettelheim, B.: Kinder brauchen Märchen (dtv, München 1980)
Fetscher, I.: Wer hat Dornröschen wachgeküßt? (Fischer TB, Frankfurt/M. 1974)
Lenz, F.: Das Tier im Märchen (Novalis-Verlag, Schaffhausen 1978)
Lüthi, M.: Das europäische Volksmärchen (Dalp-TB, Francke-Verlag, Bern – München 1960)
Lüthi, M.: Es war einmal ... Vom Wesen des Volksmärchens (Kleine Vandenhoeck-Reihe, Göttingen 1973)
Meves, Ch.: Erziehen und erzählen (Kreuz-Verlag, Stuttgart – Berlin 1974)
Mönckeberg, V.: Das Märchen und unsere Welt (Düsseldorf – Köln 1972)
Obenauer, K. J.: Das Märchen. Dichtung und Deutung (Frankfurt/M. 1959)
Schult, A.: Mysterienweisheit im deutschen Volksmärchen (Turm-Verlag, Bietigheim 1980)
Stauff, Ph.: Märchendeutungen (Leipzig 1921)

III. Allgemeine Literatur

Frenzel, E.: Stoff-, Motiv- und Symbolforschung (Sammlung Metzler, Stuttgart 1963)
Kluge, F.: Etymologisches Wörterbuch der deutschen Sprache (Berlin 1963)
Meves, Ch.: Mut zum Erziehen (Furche-Verlag, Hamburg 1970)
Miers, H. E.: Lexikon des Geheimwissens (Freiburg 1970)
Reble, A.: Geschichte der Pädagogik (Stuttgart 1959)
Schmitz, O.: Der Geist der Astrologie (München 1925)